御歴代天皇の詔勅謹解

御所市議会議員
杉本延博

展転社

推薦の辞

西村眞悟

本書が世に顕れることは我が国が変革の実践期に入ったことを示す歴史的快挙である。その変革の実践とは何か。それは、戦後体制からの脱却だ。本書は、この実践的意義を湛える、まさに卓越した救国の書である。

我が国は、百五十年前に国家の生き残りをかけて江戸幕藩体制から脱却し、明治維新を為し遂げ天皇を戴く近代国民国家を建設した。同様に、現在の我々も我が祖国を富岳の安きに置くために、戦後体制から脱却し本来の日本を取り戻さねばならない。

現在、我が国を取り巻く内外の情勢はまことに厳しく、このまま、漫然と戦後体制における「旧来の陋習」を続ければ、我が国は亡国の淵に沈む。よって、我が国は国家の存続をかけて我が国を拘束する戦後体制を破り、そこから脱却しなければならないのだ。これこそ、明治維新に匹敵する現在の変革ではないか。

そこで再び言う。本書が世に顕れることは、その変革が実践期に入ったことを示す。何故か。それは本書によって、歴代天皇の詔勅が我々の眼前に顕れるからである。これが我が国の変革の原点なのだ。つまり、日本的変革とは、共産主義者に倣って為しえるものではない。我々は、明治維新が「王政復古の大號令」によって為されたことを深思しなければならない。

我が国において近代化とは復古なのだ。では、明治維新の「王政復古」とは何処に還ったのか。それは、神武創業之始である。それ故、我々もその明治維新の復古の精神を継承して、我が国の変革を実現しなければならない。

このように思って本書を手に取れば、本書が大和の御所《ごせ》に生まれ育った若き杉本延博氏によって書かれたことは、我が国の肇国の志が、悠久の太古から途切れることなく現在にいたっている証のように思われる。何故なら、大和の御所こそは、神武天皇が国見をされた地、即ち、神武創業の地であるからだ。また、御所の東に聳える清水がほとばしる金剛山麓には、天孫降臨の地と伝わる高天原があり、見上げれば鬱蒼たる大木が頂上に道を開けている。まさに天に通じているのだ。著者の杉本延博氏は、この御所市における日本一の市議会議員である。

さて、私は第十六代仁徳天皇の御陵の側で育ち、昭和六十一年五月十一日、昭和天皇が仁徳天皇御陵の南の公園で開催された植樹祭に行幸されたときに小さい長男の手を引いて沿道でお迎えした。本書において示されている詔勅は、このお二人の天皇が人類の思想史において、画期的な天皇であられることを示している。

仁徳天皇は、三年間の租税免除によって着衣はボロボロになり、雨が漏れ、風が入る宮殿に住まわれていたが、民の竈から煙が上がるのを喜ばれ「天の君を立つることは、是れ百姓《おほみたから》の爲なり。然らば則ち君は百姓を以て本と爲す」、そして「百姓富めるは則ち朕が富めるなり」と詔された。この民が主体であるという思想と自分は弊衣を着て弊屋に住んでも民が豊ならば自分も豊なのだという思いは、現在にいたるまでも皇室の伝統であり、我が国の為政の伝統である。ところが、この思想がヨーロッパに現れるのは十八世紀末から十九世紀のつい最近であり、彼らはこれをコペルニクス的転換としている。しかし我が国では、仁徳天皇によって太古からこの思想は鮮明にされている。これは人類史の奇跡ではないか。

アメリカ大統領のJ・Fケネディーは、江戸中期の上杉鷹山の「伝国の辞」をフランス革命の前にフランスの人権宣言に匹敵する思想を表明したものとして絶賛した。そうであれば、もしケネディーが、上杉鷹山は遙か昔の仁徳天皇の詔を述べたのだと教えられれば腰を抜かしたであろう。

昭和天皇は、大東亜の御戦を止められるにあたり、その詔書で原子爆弾の本質を「人類ノ文明ヲモ破却スヘシ」と述べられ、「是レ朕カ帝國政府ヲシテ共同宣言ニ應セシムルニ至レル所以ナリ」とされた。つまり、天皇は人類の文明を救うために、鬼畜になって原子爆弾が何を人類にもたらすのかわからないアメリカに、これ以上の原子爆弾を使わせないようにされたのである。そのとき、世界の各国元首の中で原子爆弾の本質を直ちに見抜いた人物は昭和天皇しかおられない。あのとき、原爆投下が二発で止まらなかったら、それからの人類はどうなったか。天皇は、アメリカを含む人類を救われたのだ。

その上で、天皇は敗戦後に、上御一人で我が国の戦前戦後の連続性、神武創業以来の連続性を維持されて國體を護持された。天皇の「開戦の詔書」、「終戦の詔書」そして終戦後初めて迎える正月元旦に発せられた「新日本建設の詔書」は一体不可分であり、ここには自虐史観は微塵もなく、戦前戦後を通じた我が国の一貫性が鮮明にされている。

嗚呼、天皇の詔勅を拝せば、大御心の尊さと日本に生まれたありがたさが心に沁みる。

この詔勅を憂国の至誠にもとづいて世に顕した杉本延博氏に敬意を表する。

読者諸兄姉、天皇の国、日本を取り戻すために、同志として力を合わせよう。

目次

御歴代天皇の詔勅謹解

大和時代

奈良時代

平安時代

鎌倉時代

カバーデザイン　古村奈々＋Zapping Studio

凡例

・詔勅原文は森清人著『みことのり』（錦正社）から引用した（一部他書から引用した箇所がある。その著書については引用・参考文献に載せた）。
・本書は戦前の詔勅謹解の書式・内容（原文・現代語訳・解説）を踏襲した。
・現代語訳、解説を書くにあたり参考、引用した著作については、参考・引用文献として一覧にまとめた。

はじめに――今こそ詔の再興が望まれる

忘れもしない、国史上で最悪未曾有の災害となつた東日本大震災。平成二十三年三月十六日、全国民に向けて発せられた天皇陛下のビデオメッセージから、被災者の惨劇を心配なされて、早期の国土復興を願はれる「国安かれ、民安かれ」と日々お祈りなされる慈しみ深き御歴代伝統の御姿を顕現なされた有難き御言葉として、どれだけ多くの国民が勇気と希望をいただけたことであらうか。まさに、平成の詔勅が渙発せられたと思ふ歴史的な瞬間であつた。

国史上では、詔勅、御製から天皇の大御心を拝することができた。しかし、日本国憲法下では国会召集や解散、選挙施行などの詔書や憲法改正などの公布文、国会開会式や行幸などで宣せられる御言葉など各方面で憲法上の制約がかかることから、大御心の真意を拝することができない。これは悲しき現状ではないだらうか。

日本国憲法前文には「人類普遍の原理であり、この憲法は、かかる原理に基づくものである。われらは、これに反する一切の憲法、法令及び詔勅を排除する」と記されてゐるが、人類普遍の原理とは何を意味するのか？　それは、国連憲章や西洋民主主義原理を指してゐることは明らかであり、日本民族精神の骨抜きを計画した無国籍憲法であることから、これらに反する国体の根本指針となるべき詔勅を排除すると記載されてゐると解釈できよう。しかし本来、人類普遍の原理となる精神とは西洋思想的原理ではなく、八紘為宇の詔勅精神ではないだらうか。それは、神勅より続く御歴代詔勅を見れば一目瞭然のはずだ。また、憲法第九十八条の条項では、最高法規である憲法に反する詔勅などは効力を有しないと明記されてをり、ここでも制限をかけられてゐる。

御歴代詔勅には連綿と続く皇道精神の生命が流れてをり、日本の正しい政《まつりごと》を実現するためにも大御心を拝したいと、心ある国民は望んでゐるはずだと思ふ。現憲法を改正することは、正しい日本の真姿を再興するとともに、天皇の大御心を取り戻す戦ひであるともいへよう。現憲法下で詔勅が制限をかけられて、大御心を拝しにくい状況にあつても、御歴代の詔勅が時代を流れて素晴らしき御教へとして遺つてゐることは、まことに有難きことであり、ここから学び、政治の実践の場に活かしていくことも大事ではないだらうかと考へてゐる。

小生は一介の地方議員であり、浅学菲才の身でありながら御歴代天皇の詔勅を謹解することは畏れ多く、分を弁へてゐないことは百も承知である。また、小生は学者でもなければ専門家でもないので、御期待に応へるやうな論を書くことは毛頭できない。しかし、大和に生まれ育ち、大和で働く地方議員としての責任と誇りを持ちながら、素直に思ふところを記すことで、詔の再興の必要性を世に提起していきたい。

神代

修理固成の神勅（『古事記』上）

是《ここ》に天《あま》つ神《かみ》もろ〳〵の命《みこと》以《も》ちて、伊邪那岐命《いざなぎのみこと》・伊邪那美命《いざなみのみこと》二柱《ふたはしら》の神《かみ》に是《ここ》のただよへる國《くに》を修理固《つくりかた》め成《な》せ

（現代語訳）ここに諸々の天つ神たちが命じて、伊邪那岐命・伊邪那美命が混沌としたこの国土の礎を構築せよ。

天つ神の命を受けた伊邪那岐命・伊邪那美命は天の沼矛を用ゐて国生み、神生みを行ったことで、日本国土と国体の総体的な原初が構築なされた。「生み」は「産み」と同じ意で「ムスビ」である。すべての存在には神性・霊性が込められてをり、誕生からの生命循環を繰り返す歴史が続いてきたことで、民族的生命の連続性が継承されてきた。国史を見ても実証されるやうに、天祖以来連綿と続く皇室の存在、そして父祖以来連綿と続くわが日本民族。君民が一体となり、共に築き歩んできた悠遠の国史が継続されてゐることは世界的な奇跡ともいへ、日本国体の優秀性を顕現してゐる。

天の沼矛で漂へる国土を固め成す「修理固成」の御教へは、維新精神に連なるとも考へられる。神武天皇建国以降、民族の蘇りが必要とされた時代の節目ごとにその潮流が現れてきて、大化改新、建武中興、明治維新といふ修理固成の時期があつた。正しい民族の歴史・伝統・文化を忘れた結果、国家存亡の瀬戸際にまで追ひ込まれた現代であるが、その戦後体制を脱却するために、今こそ時代が維新を必要としてゐるときであり、良識ある日本人はあらゆる手段を駆使して、天の沼矛精神を奉戴し「修理固成」活動を起こすときではなからうか。

西洋物質至上主義が世界を支配する体制が行き詰まつた結果、精神荒廃や自然破壊など様々な問題を引き起こしてゐる。資本主義や民主主義が限界を迎へてをり、世界体制の立て直しを迫られてゐる現在こそ、日本の存在や大和精神が注目され、世界救済の鍵を握つてゐるといへよう。まさに「修理固成の神勅」には、日本民族の世界的使命の原点が仰せられてをり、我々国民はこの神勅を奉戴して世界救済、天業恢弘のために尽くさなければならない。

寶祚天壌無窮の神勅（『日本書紀』二）

豊葦原《とよあしはら》の千五百秋《ちいほあき》の瑞穂國《みづほのくに》は、是《これ》吾《あ》が子孫《うみのこ》の王《きみ》たるべき地《くに》なり。宜《よろ》しく爾皇孫《いましすめみま》就《ゆ》きて治《しら》せ。行矣《さきくませ》。寶祚《あまつひつぎ》の隆《さか》えまさむこと、當《まさ》に天壌《あめつち》の與窮《むたきはま》りなかるべきものぞ。

（現代語訳）豊葦原の千五百秋の瑞穂の国は、吾が子孫が永く君となつて治める国である。汝、皇孫、往きて治めよ。つつがなく行け。皇位が栄えることは、天地とともにきはまるときなく、限りなく続くであらう。

豊葦原瑞穂国とは稲穂がよく実り五穀豊穣の土地を示す意義であり、千五百秋とは無限なる時間、悠遠なる歴史を指す。この国土は天皇が統治する国であり、未来永劫、民とともに民族共同体が弥栄えていくであらうとの理想が仰せられてゐる。

天皇統治の御本質とは「しらす」であり、天下の四方隅々まで世情、民情を知り聞くことであるとともに、「国安かれ、民安かれ」と日々お祈りされる有難くも尊き御統治なのである。この天皇の大御心を奉戴して、国や民の安寧を実現するために君民一体となつてまつりごとを執り行ふことが、我が国体の基本的要諦なのである。

世界史に目を向ければ支那の易姓革命や西洋諸国の歴史からもわかるやうに、常に王朝、権力者の交代劇が繰り返されてきたことは周知の事実である。この原因を一言で説明すると、支配者と被支配者（国民）との相互対立構造が基礎となつてゐるからだ。しかし、日本の場合は一度も革命が起こらなければ、皇統断絶もなかつた。君民が一体となつて共存共栄しながらまつりごとを執り行ふ民族共同体の統治構造がしつかりとできてゐたからだ。

神代三代で百七十数有余万年、神武天皇建国より二千六百年以上続いてきた世界に燦然と輝く悠遠なる我が日本国体の淵源が述べられてゐる神勅であり、我々日本民族の精神的基礎として奉戴しなければならない最も大事な御教へなのである。

此《これ》の鏡《かがみ》は、専《もつぱ》ら我《あ》が御魂《みたま》として、吾《あ》が前《みまへ》を拜《いつ》くが如《ごと》、いつき奉《まつ》れ。

（現代語訳）この鏡は、ただひたすらに我が御魂と心得て、我が前に奉仕するやうに、恭しくお祭りしなさい。

寶鏡同床共殿の神勅（『日本書紀』二）

吾《あ》が兒《みこ》、此《こ》の寶鏡《たからのかがみ》を視《み》まさむこと、當《まさ》に吾《あれ》を視《み》るがごとくすべし。與《とも》に床《みゆか》を同《おな》じくし、殿《みあらか》を共《ひとつ》にし、以《も》て齋鏡《いはひのかがみ》と爲《な》すべし。

（現代語訳）我が御子よ。この宝鏡を見ること、恰も吾に対するのと同じやうに心得よ。そして宮中に奉安し起居を共にして、恭しく奉仕する御鏡とせよ。

天孫降臨を前にして、三種の神器を親授された際に仰せだされた神勅である。三種の神器とは、八咫鏡、八尺瓊勾玉、天叢雲剣（草薙剣）で、天津日嗣の正統性を表す皇統の生命といふべき最も大事な御宝である。神皇正統記では「況や三種の神器世に現在し給へり。きはまりあるべからざるは我國を傳る寶祚なり。あふぎて貴びたてまつるべきは日嗣をうけ給ふすべらぎになんおはします」と、三種の神器が皇位継承の正統性を証明することをわかりやすく論じてゐる。

例へば、吉野朝（南北朝）時代に足利高氏が擁立した北朝に対して、三種の神器を奉持してゐる南朝こそ正統なる天津日嗣であることを後醍醐天皇が顕現したことや、後南朝まで続く神器争奪の繰り返しの悲劇の史実を見てもわかるやうに、皇統の正統性を保持するには、神器を奉じることが如何に重要なことなのかを証明してゐるといへよう。

神器には民族精神のあるべき模範とすべき徳性が顕現されてをり、鏡は正直、勾玉は慈悲、剣は勇気の三徳を示すもので「知・仁・勇」に例へる論説もあり、皇道政治を遂行して民族精神の興隆を実現するための御教へが込められてゐる。

神器の中では特に御鏡が中心的な役割を果たしてゐる。神勅では、御鏡に皇祖・天照大神の御霊代が宿つてゐることから大切に斎きまつるとともに、天皇は御鏡と常に起居を共にするべしとの「同床共殿」の御教へを仰せになられてゐる。

御歴代天皇が神器を継承されることで大御神の御霊代と一体となられて、皇祖皇宗を通じて相伝はつてきた御教へを忠実に守り、民を思ふまつりごとを悠遠の時間を通じて連綿と継承なされてきたことが、世界最古の歴史を誇る皇室の御存在と我が国体の尊厳を燦然と輝かしてゐる。その大御心を実現するために我々臣下たるものは、三種の神器が持つ日本民族精神の中心的意義を学び、実践していくことが大事なのである。

斎庭の稲穂の神勅（『日本書紀』二）

吾《あ》が高天原《たかまのはら》に所御《きこしめ》す斎庭《ゆには》の穂《いなほ》を以《も》て、亦《また》吾《あ》が児《みこ》に御《まか》せまつる。

（現代語訳）高天原にある齋庭の稲穂を吾が御子に授けよう。

天孫降臨を前にして高天原に生育する稲穂を瓊瓊杵尊に親授して、葦原中つ国（「葦原中国」「葦原の中つ国」）の民に食すやうに諭された神勅である。

建国以来、国史上を見ても御歴代天皇が農事に関する祭祀を重んじてきたことは明かである。宮中祭祀として一年一度の新嘗祭、神嘗祭、一世一代の大嘗祭では、稲穂に基づく祭祀が厳粛に執り行はれて、五穀豊穣と国・民の安寧をお祈りなされる。かうしたことから我が国体にとり、稲穂は民族精神の生命的根源ともいへるのではないだらうか。

高天原より親授された聖なる米であるだけに、味、栄養価、安全性などどれをとつてみても日本の米は世界一であると自負できる。これは神霊が宿つてゐる証拠ではないかと思ふ。しかし、日本の農業を巡る環境は悪化の一途をたどつてゐるのではないかと、地方にゐてつくづく感じてゐる。補助金漬けの減反政策や後継者不足、耕作放棄地の問題など枚挙にいとまがない。このやうな状況が続けば、農業の衰退となり、麗しき国土と民族精神を滅ぼしかねないと危惧してゐる。果たして、国会議員は歴史に学び、日本の生命ともいへる稲穂を核とした農業を育成、発展させることを真剣に議論してきたのであらうか？　はなはだ疑問である。

最近聞かれなくなつた社稷といふ言葉に今こそ注目して、社稷の再興に力を注がねばならない。社稷とは、社は土地の神、稷は五穀の神の意である。東京一極集中により地方の衰退が著しく目立つてきてゐるが、社稷の衰退は農業の衰退と同一である。真の日本といふ姿を総体的に喪失してしまつた現状が全国隅々まで浸食してゐることは、西洋物質至上主義の唯物神による日本の産土の神々に対する反逆ではないだらうかと考へる。西洋人は自然を支配することで、文明を発達させてきた功利物質至上に価値を置くことを思想としてゐるが、我が国は全く逆の思想である。山川草木あらゆる自然界のものには、神霊が宿るとの考へから自然と調和し共存共栄していくことを根本思想としてゐる。

　皇祖より親授された日本民族の生命となる稲穂には、神の霊が宿つてゐることからも、稲穂の死守こそが日本の精神的生命を防衛する第一の民族的使命であることを、神勅から改めて認識することができる。稲穂・農業を民族精神の生命と位置づけ、衰退の一途を辿る現状に歯止めをかけて、あらゆる問題を解決して興隆に転じ、神聖なる日本の稲穂を亜細亜、世界の民族に拡めてゆくことが、八紘為宇に基づいた世界救済の任務を帯びる我が日本民族に求められる理想的使命ではないかと思つてゐる。

大和時代

初代　神武天皇

天業恢弘東征の詔（謹抄・太歳甲寅年『日本書紀』三）

是《こ》の時《とき》、運《よ》は鴻荒《あらき》に屬《あ》ひ、時《とき》は草昧《くらき》に鍾《あた》れり。故《か》れ蒙《くら》くして以《も》て正《ただしき》を養《やしな》ひ、此《こ》の西《にし》の偏《ほとり》を治《しら》せり。皇祖皇考《みおや》、乃神乃聖《かみひじり》にまして、慶《よろこび》を積《つ》み暉《ひかり》を重《かさ》ね、多《さは》に年所《としのついで》を歴《へ》たまへり。

（現代語訳）瓊瓊杵尊が御降臨なされた当時は、大昔のことであり、世は未開であつた。国民の素朴な性質を養育して、正しい道に導いていくために、西方の国土を統治された。皇祖は神であり聖人だつたことから慶びを積み徳の光を重ねられて悠遠の年月を経たせられたのである。

彼《そ》の地《くに》は、必《かなら》ず以《も》て天業《あまつひつぎ》を恢《ひろ》め弘《の》べて、天下《あめのした》に光宅《みちを》るに足《た》りぬべし。蓋《けだ》し六合《くに》の中心《もなか》か。

（現代語訳）その地方は、きつと天祖の聖業を発展させて、普く天下を統治するにふさはしい地である。察するに天下の中心地であらう。

建国に向けた神武天皇御東征の歴史的な意義と理想が述べられた重要な詔の一つである。詔に述べられてゐる皇道三綱とは、正を養ひ（養正）・慶を積み（積慶）・暉を重ねる（重暉）であり、徳治主義に基づいて統治することの大事な御教へを現はしてゐる。神代三代は、日向地方を百七十九万二千四百七十余年の長い年月にわたり、安寧と幸福を積み重ねて御統治なされてきた素晴らしき御代であつた。しかし、あまりにも長い統治年数に目をつけて、架空の歴史だと批判的に論じてゐるのが反日学者たちの常套手段である。これは上古八代（彼らは欠史八代といふ不敬な言葉を使ふ）のときにも援用される実証的根拠に乏しい歪んだ理論である。よく考へてみても一年の月日（三百六十五日）が定められてゐない遥か古の時代のことであり、例へば一代の尊が歌舞伎などの襲名制度のやうに何世代にもわたり継承されてゐたとも考へられ、世界で最も古い皇祖の御存在があつたことは間違ひないといへよう。

詔の中で塩老翁が「青山四方に囲まれた美しき国があると聞く」と述べられてゐるので、大和の国に関する何らかの情報が日向地方まで聞こえ伝へられてゐたのであらう。当初は、文化が未開で素朴な民が住む小国が幾重にも存在してゐた。

皇道文化・政治を日向の国から大和の国へ、そして全国に宣布していくことは天祖以来継承されてきた尊き使命であり、天皇を家長として民族的中心と位置づけ、周辺に国民がありそれぞれが分ちに応じた働きをし、祭政一致のまつりごとを運営していくのが皇国の理想的統治なのである。その皇祖御神勅の理想実現のため御出立を決意なされていくのであつた。

日神の威を背に負ひて戦ひ給ふの勅（戊午年四月九日『日本書紀』三）

今我《いまわれ》は是《こ》れ日神《ひのかみ》の子孫《うみのこ》にして、日《ひ》に向《むか》ひて虜《あだ》を征《う》つは、此《こ》れ天道《あめのみち》に逆《さか》れり。退《しりぞ》き還《かへ》りて弱《よわ》きことを示《しめ》して、神　祇《あまつかみくにつかみ》を禮《ゐやま》ひ祭《まつ》りて、日神《ひのかみ》の威《みいきほひ》を背《そびら》に負《お》ひまつりて、影《みかげ》の隨《まにま》に壓《おそ》ひ躡《ふ》まむに若《し》かじ。如此《かか》らば則《すなは》ち曾《かつ》て刃《やひば》に血《ち》ぬらず、慮《あだ》必ず自《おのづか》らに敗《やぶ》れなむ。

（現代語訳）我は日神におはします天照大神の子孫であるのに、太陽に向かひ矢を放ち賊軍を討たうとしたのは天道に背くことから間違ひであつた。そこで一時軍を退却させて皇軍を弱いやうに見せかけて賊軍を油断させ且つ天神地祇をお祭りして神の御加護を祈願し、そのうへで日影を背にうける方向から賊軍を攻撃することにしよう。さうすれば必ず日神の御加護により戦ふことなく賊軍は自ら降伏してくるであらう。

御東征の尊くも高き理想の大義を掲げて、日向を御出立なされてから長い年月を経て無事に難波へ到着された。大和の国を目の前にして生駒山を越えようとしたときに長髄彦と孔舎衛で激しい戦闘状態となつたが、不運にも皇兄五瀬命が流れ矢にあたり負傷された。

皇軍たる大義があるのに、なぜ負けてしまつたのか。我が皇祖、天照大神は太陽神であることから、我が御親に弓を引くのと同じ論理で、皇祖に対する不忠の行ひを働くことになつてしまふとのお考へから、日に向かひ弓を引くことが原因で負けたと総括なされた。

正統たる日の御子であることから、太陽を背に進撃すれば大義と合致して神の御加護をいただき、血塗らずして勝利を治めることができると仰せになられてゐる。その後、損害を受けた皇軍を再度整へ直して、山深き熊野方面へ迂回戦術を取つていかれたのであつた。

八咫烏の祥瑞を喜び給ふの勅（戊午年六月『日本書紀』三）

此《こ》の鳥《からす》の來《く》ること、自《おのづか》らに祥夢《よきゆめ》に叶《かな》へり。大《よ》きかも、赫《さかり》なるかも、我《あ》が皇祖《みおや》天照大神《あまてらすおほみかみ》、以《も》て基業《あまつひつぎのわざ》を助《たす》け成《な》さむと欲《おもほ》せるか。

（現代語訳）この鳥が来たことは、自然とかの良き夢に叶ふものであつた。神意は偉大で赫々たるものだ。これはまさに我が皇祖天照大神が我が天業を助けてくださらうとする思し召しであらう。

皇軍の態勢を立て直し熊野から迂回し大和の国を目指して、峻険なる山々の道を走破なされ、数々の御苦難に遭遇されるが、高皇産霊尊が八咫烏を遣はされて皇軍の先導を司ることにより無事に宇陀の地に入ることができた。

このことを含め、たび重なる天佑神助により御苦難の数々を乗り越えられて、建国の高き御理想成就へと一歩一歩近づいていく。どのやうな御苦難が皇室や我が国体に降りかからうとも、決して皇国の御政道を阻むことはできない。国史上、逆臣が現れたときや皇室が危殆に瀕するときには、必ず忠義の臣が出現して皇室をお守りした数々の史実を見てもわかるやうに、必ず神々の御加護があり、我が国体が守護されてきたことは、まさに神国の神国たる所以を実証してゐるのである。

日臣命を、譽めて名を賜ふの勅（戊午年六月『日本書紀』三）

汝《いまし》忠《ただ》しくして且《かつ》勇《いさ》めり。加《また》よく導《みちびき》の功《いさをし》あり。是《ここ》を以《も》て汝《いまし》が名《な》を改《あらた》めて、道臣《みちのおみ》と爲《せ》よ。

（現代語訳）汝は忠義の心があり勇ましい。御東征の導きの功績は大きい。これからは名を改めて道臣と名乗るやうに。

日臣命の勲功を褒め称えて、天皇より名を賜る栄誉にあずかつたときの勅である。道臣命が久米部を率ゐて先導の大役を果たした功績は、まことに大きな意義があり、御東征中第一の勲功者とも言へることから、天皇が大いにお喜びになつてをられることが勅から伝はつてくる。天皇から名を賜ることは、臣下にとつて末代までの栄誉なことなのである。

坐ながら天下を平《む》け給ふの勅（謹抄・戊午年九月『日本書紀』三）

吾《あれ》必《かなら》ず鋒刃《つはもの》の威《いきほひ》を假《か》らずして、坐《ゐ》ながら天下《あめのした》を平《む》けむ。

（現代語訳）私はぜひとも、武力を用ゐないで恵を垂れ徳を布き、平和的な手段を用ゐ、坐ながらにして天下を平定したいのである。

建国への高き理想を掲げた御東征の真髄が、簡潔に顕現された勅であり、できる限り武力を用ゐずに天下を治めたいといふ大御心が宣せられてゐる。この精神は皇祖の御遺訓として、御歴代天皇の中で一貫して継承されてきた尊き御教へなのである。

御東征の理想はあくまでも平和主義を徹底していく皇道宣布であり、決して覇道主義に基づく武力による支配（うしはく）と曲解してはならない。最初から武力ありきで支配し占領していくのが常識となつてゐる西洋や支那の統治手段と同じではない。このやうな思想、精神は支配者のための統治である。あくまでも無私の精神に基づいた道義国家建国の広大な理想と祈りが天皇御統治の真髄なのだ。天祖伝承の御遺訓を実現するために最後まで説得を重ねるが、聞き入れない場合にのみやむを得ず「まつろはないものをまつろはせる」ため一時的に干戈を交へることがあつても、あくまで平和愛好的な徳と恵に基づいた統治を実現しようと徹底してをられる大御心を拝することができるのである。

戦勝後将兵を戒め給ふの勅（謹抄・戊午年十月一日『日本書紀』三）

戦《たたかひ》に勝《か》ちて驕《おご》ること無《な》きは、良将《よきいくさのきみ》の行《わざ》なり。

（現代語訳）戦ひに勝つても驕るやうな振る舞ひをしないことは、良き将兵の行ひである。

忍坂邑の戦に勝利した皇軍。その気持ちが高揚してゐた久米部の兵士に対して、決して驕ることをせず士気を引き締めるやうお諭しになられた勅である。

古今東西の歴史を見てもわかるやうに、軍の将兵にとり最も重んずべき精神的基本原理で、万国共通の訓戒であり悠遠の遥か御代にお諭しなされてゐたことは、天皇の御聡明さをよく顕現してゐる。

将兵の気持ち一つで勝敗を左右する戦場において、士気を堅持することは当然なことであり、勝つても驕ることなく兜の緒を引き締めて謙虚な態度で挑むことは、いつの世にも、またどのやうな世界にも通じる賢明な御教へである。今を生きる我々も常に心がけねばならない。

天神の御子なる表物の提示を求め給ふの勅（**戊午年十二月『日本書紀』三**）

天神《あめのかみ》の子《みこ》亦多《またさは》に有《あ》り。汝《いまし》が君《きみ》と爲《な》す所《ところ》、是實《これまこと》に天神《あめのかみ》の子《みこ》ならば、必《かなら》ず表物《しるしもの》有《あ》らむ。相《あひ》示《み》せよ。

（現代語訳）天神の子孫は多くある。汝が天神の子孫ならば必ず証明すべき宝物を持つてゐるはずだ。それを見せてみよ。

「天業恢弘東征の詔」の中で、饒速日命が先に大和の国に降臨してゐたことを仰せになられてゐる。饒速日尊は天の磐船に乗り河内の国の河上に降臨して、長髄彦の妹を娶つて大和の国を統治してゐた。皇軍が長髄彦の軍と対峙したときに、天神の御子であるならばそれを証明する御宝を所持してゐるであらうとのことから見せ合ひをしたところ、お互ひが天神の御子であることがわかつた。その後、饒速日命は長髄彦に恭順するやうたびたび諭したがこれを聞き入れなかつたので、最終的に誅殺して皇軍に帰順した。

その後、土蜘蛛などまつろはぬ賊徒どもを討ち大和の国を平定して、御東征の尊くも高き御理想を無事に成就することができたのである。

橿原建都の令―八紘爲宇の詔（謹抄・己未年三月七日『日本書紀』三）

夫《そ》れ大人《ひじり》の制度《のり》を立《た》つ。義《ことわり》必《かなら》ず時《とき》に随《したが》ふ。苟《いやし》くも民《おほみたから》に利《くぼさ》有《あ》らば、何《なむ》ぞ聖造《ひじりのわざ》に妨《たが》はむ。且當《またまさ》に山林《やま》を披《ひら》き拂《はら》ひ、宮室《おほみや》を經營《をさめつく》りて、恭《つつし》みて寶位《たかみくらゐ》に臨《のぞ》み、以《も》て元元《おほみたから》を鎭《しづ》むべし。上《かみ》は則《すなは》ち乾靈《あまつかみ》の國《くに》を授《さづ》けたまふ徳《うつくしび》に答《こた》へ、下《しも》は則《すなは》ち皇孫《すめみま》正《ただしき》を養《やしな》ひたまふ心《みこころ》を弘《ひろ》めむ。然《しか》して後《のち》に六合《くにのうち》を兼《か》ねて以《も》て都《みやこ》を開《ひら》き、八紘《あめのした》を掩《おほ》ひて宇《いへ》と爲《せ》むこと、亦《また》可《よ》からずや。夫《か》の畝傍山《うねびやま》の東南《たつみのすみ》橿原《かしはら》の地《ところ》を観《み》れば、蓋《けだ》し國《くに》の墺區《もなか》か。治《みやこつく》るべし。

（現代語訳）そもそも大人（聖人）が国の制度を定めるにあたつては、その道理は必ず時勢に適するやうになされた。少しでも民の利益になることであるならば、それは決して祖宗の立てられた聖業に悖ることはない。そこで今、山林を伐り拓いて、宮殿を造営し、謹んで皇位に即き、民を安んじなければならない。上は天つ神がこの国をお授け下さつた御徳に答へ奉り、下は皇孫の正義を養ひ給うた大御心を弘めよう。その後に、四方の国を統一して都を開き、天の下を掩ひて家とすることは、じつに良いことではないか。見ればかの畝傍山の東南の橿原の地は、思ふに国の中心であらう。ここに都を造るべきである。

大和国の中心である橿原の地に都を定めて、まつりごとを始めるときに仰せになられた建国宣言ともいふべき国史上最も重要な位置をしめる詔である。

この詔の中で、我々日本民族にとり重要とすべき三つの大御心が宣せられてゐると考へる。

一つ目は「義必ず時に随ふ。苟くも民に利有らば」であり、御歴代天皇のまつりごとの根本要諦として連綿と流れてきた愛民の大御心が顕現してゐる。世情に応じて、国民の利益と福祉が向上するやう制度や法律を定めるやうにとの仁慈深くも有難き思し召しの大御心が示されてをり、建国にあたつての理想的使命として教へてをられることは、まさに民族の誇りである。

二つ目は「元《おほみたから》」である。この御言葉には子を思ふ国家の御父としての慈しみ深い大御心が現はれてをり、聖君たる模範的な御姿を拝察できる。古今東西、海外の君主や権力者を見ても、国民のことを「おほみたから」とよび慈愛溢れるまつりごとを執り行ふやうな事例を歴史上発見することは困難である。せいぜい模範的な道徳哲学として、あるべき君主の理想像が記されてゐるだけで、実際は支配欲に基づいた権力基盤の強化、権力の延命を図るため国民を利用することに終始してきたのが現実であつた。例へば、労働者にバラ色の世界が待つてゐるやうに論理展開してゐるマルクス・レーニン主義の「プロレタリア独裁」思想によく表れてゐると思ふ。実際の共産国の現状は虐殺や暴虐の歴史で、理想と現実の乖離があまりにも甚だしかつたのは周知の事実である。

「国安かれ、民安かれ」と常に国民のことを念頭においてお祭りなされてゐる国柄は、世界広しといへども我が国だけだ。国民の存在を「おほみたから」として思はれてゐるこの有難き事実を、私たち日本民族は忘れてはならない。

三つ目は、「六合を兼ねて以て都を開き、八紘を掩ひて宇と爲むこと」で八紘為宇の意義が仰せられてゐる。この御言葉で真つ先に浮かんでくるのが、反日左翼の決まり文句である「八紘一宇が侵略戦争の思想的バックボーンとなつた」。良識ある正しい歴史観に攻撃を加へるときの常套手段として、常に活用してくる用語であることはあまりにも有名だ。しかし、国史の展開を見ればわかることで、世界が一家族のやうに共存し調和できる平安な御代を構築することが、八紘為宇の基本的な理念である。今でいふ国際連合憲章の文言にうたはれてゐる理想的な世界平和に連なる精神が二千年以上も前に、建国宣言の基本的な柱として仰せなされてゐたことは平和を愛する素晴らしい思想が顕現されてゐることであり、我が民族として誇るべき寛大な理想なのである。御歴代天皇の詔勅や御製から、常に国、民の平安を望まれてゐる仁慈深き大御心を拝することができ、決して反日勢力が言挙げするやうな侵略性を秘めた理論でないことは一目瞭然である。

建都の詔を通じて流れる大御心は世界各民族が望むべき理想的な姿であるともいへ、日本民族の役割と使命を達成していく大事な御教へである。そして、先人たちは皇国のあるべき理想実現のために心血を注いで決然と立ち上がつて来られた。この輝かしき国史は、我が民族の誇りであると思ふ。平成の御代においても明治維新の思想的バックボーンとなつた「諸事神武創業之始ニ原キ」神武建国精神を奉戴して、民族の甦りのために国民が一丸となつて、悪しき戦後体制の風潮を打破していかなければならない。

天神を祀り大孝を申べ給ふの詔（四年二月廿三日『日本書紀』三）

我《わ》が皇祖《みおや》の靈《みたま》、天《あめ》より降《くだ》り鑒《ひか》りて、朕《あ》が躬《み》を光《てら》し助《たす》けたまへり。今《いま》諸《もろもろ》の虜《あだども》已《すで》に平《ま》き、海内《あめのした》に事無《ことな》し。以《も》て天神《あまつかみ》を郊祀《まつ》りて、大孝《おやにしたがふこと》を申《の》べむ。

（現代語訳）我が皇祖の御霊は、天から御降りになられて、我が身を御加護下さつた。今や賊徒は滅びて、国内は平穏無事となつた。そこで天神をおまつりして、感謝の御礼を申し上げるとともに、孝道をつくしていきたい。

御東征中、幾多の危機に見舞はれた皇軍であつたが、夢の御告により高倉下が霊剣を献上した事績や、八咫烏の道案内、金の鵄の出現など天照大神・高木神による天佑神助といふべき御加護により、尊き建国の理想を実現することができた。このことへの感謝の誠を天祖に奉告するとともに、未来永劫、天祖の御神勅に基づいたまつりごとを執り行つていくことをお誓ひあそばすため鳥見山中に霊畤をおたてになり、報本反始の誠を奉告なされるにあたつての祭祀の意義が仰せだされてゐる。大嘗祭の始まりともいはれてをり、祭政一致たる我が国柄の根源を示してゐる国史上重要な詔といへよう。

國土讃美の詔（卅一年四月一日『日本書紀』三）

妍哉《あなにゑや》、國《くに》之《の》獲矣《みえつ》。内木綿《うつゆふ》の眞迮國《まさきくに》と雖《いへど》も、猶《なほ》蜻蛉《あきつ》の臀呫《となめ》せるが如《ごと》し。

（現代語訳）何とすばらしい国であらう。狭い国ではあるが山々が四方に連なるさまは、あたかも雌雄の蜻蛉が互ひに尾をくはへ合ひ輪になつて飛んでゐるやうだ。

ほほまの丘で国見をなされたときに仰せられた詔である。稲穂が豊かに実り育つ田園風景が一面に広がり、蜻蛉が行き交ふ麗しき大和の国の姿を実感されたのであらうと拝察する。国見はその年の豊作を神に祈る神事の一面を持つてゐる。決して国を支配した喜びと国民を見下す優越感に酔ひしれる権力者的なものではなく、国民の幸福と五穀豊穣を神々に祈ることが国見の意義であつた。なほ、この詔から「秋津洲（あきつしま）」といふ国号が誕生したことは有名である。

第十代　崇神天皇

群卿百僚に賜ふの詔――人神司牧の詔（謹抄・四年十月廿三日『日本書紀』五）

惟《こ》れ我《わ》が皇祖《みおや》、諸の天皇等《もろもろすめらみことたち》、宸極《あまつひつぎ》を光臨《しろしめ》すことは、豈《あに》一身《ひとはしらのみ》の爲《みため》ならむや。蓋《けだ》し人《ひと》と神《かみ》とを司牧《ととの》へて、天下《あめのした》を經綸《をさ》めたまふ所以《ゆゑ》なり。故《か》れ能《よ》く世《よよ》玄功《はるかなるいたはり》を闡《ひろ》め、時《とき》に至《いたれる》徳《うつくしび》を流《し》く。今《いま》、朕《あれ》、大運《あまつひつぎ》を奉承《うけたまは》りて、黎元《おほみたから》を愛《めぐ》み育《やしな》ふ。何當《いかにしてか》皇祖《みおや》の跡《あと》に聿《の》べ遵《したが》へて、永《なが》く窮《きはまり》無き祚《あまつひつぎ》を保《たも》たむ。其れ羣卿百僚《まちきみたちもものつかさ》、爾《いましたち》の忠貞《まこと》を竭《つく》して、共《とも》に天下《あめのした》を安《やすらか》にせむこと亦可《またよ》からずや。

（現代語訳）思ふに我が皇祖皇宗が、皇位にお即きになつたのは、決して御自身一人のためではない。広く国民を養ひ司り、天下を治めるためである。歴代天皇は世々深遠なる功業を立て、高き御仁徳を垂れ給うたのである。今私は皇統を継承して天子の位にのぼり、国民を愛育しようとしてゐるのだが、どうすればよく皇祖の御跡に従ひ奉り、永く窮りない皇位を保つことができようかと思つてゐる。群臣諸官等もよく忠貞を尽くして、共に天下を安んずることは、また良いことではないか。

登極された天皇が群臣百僚を前にして、皇道御統治の根源となるべき君民一体のまつりごとの理念となる大御心を仰せになられた詔である。

「歴代皇祖皇宗が天皇の御位に即位されたのは、自分自身のためではない。神を敬ひ民を養ひ国家を統治するためである」と天皇御統治の基本的理念から始まり、徳治主義に基づいた御統治を宣布し世に広げ、御歴代天皇の御偉業を継承した素晴らしき御代を実現するためにも、群臣と力を合はせ英知を結集して、君民共治のまつりごとを執り行つていかうではないかと仰せになられてゐる。この精神を一筋に貫かれた崇神天皇は「御肇国天皇（はつくにしらすすめらみこと）」と尊称され、神祇を敬ひ国力・民力向上のため様々なまつりごとを執り行はれた。このことからもわかるやうに、神武天皇建国に次ぐ上古の皇国興隆の礎を構築された素晴らしき御事績は悠遠の国史上に燦然と輝いてゐるのである。

神祇を祀り災害をトひ給ふの詔（七年二月十五日『日本書紀』五）

昔《いむさき》、我《わ》が皇祖《みおや》、大《おほ》いに鴻基《あまつひつぎ》を啓《ひら》きたまひき。其《そ》の後《のち》聖業《ひじりのわざ》逾《いよいよ》高《たか》く、王風《きみののり》轉《うた》た盛《さかり》なり。意《おも》はざりき、今《いま》朕《あ》が世《よ》に當《あた》りて數《しばしば》災害《わざはひ》有《あ》らむとは。恐《おそ》らくは朝《みかど》に善政《うるはしきまつりごと》無《な》くして、咎《とが》を神祇《あまつかみくにつかみ》に取《と》るか。盍《なむ》ぞ命神龜《うら》へて以《も》て災《わざはひ》を致《いた》せる所由《ことのよし》を極《きは》めざらむ。

（現代語訳）昔、我が皇祖が初めてあまつひつぎの大業の基を啓かせられて今日にいたるまで、御歴代の天皇が御聖訓に従つて世をお治めになり、天皇の徳風はますますひろがり国中が栄えたのである。しかし私の世になつてから、思ひがけなくも様々な災害が相次いで発生してゐるが、これはおそらく私が不徳であつて、政治がよくないために神々の咎めをうけてゐるからであらう。ここは神龜の卜ひによつて、速やかにこの災害を取り除くやうにしたい。

皇祖が基を啓かれてより連綿と皇道の理想に基づいた御政道が執り行はれ、その後の御代は安定してゐた。しかし、天皇が統治する御代になると疫病が流行して多くの死者を出し、各所で反乱が発生するなど国内の世情は混乱してしまふ。これは不徳の政治が原因で、神の咎めを受け混乱を招いてゐるのではと宸襟を悩まされてゐた。そこで、天皇御自ら神浅茅ヶ原に御幸なされて災ひの原因を突き止めようと神占ひをされた。神のお告げ通りに大田田根子を探し出して、大物主大神と倭大国魂神をお祭りするとともに天社・国社・神地・神戸の制を定めたことで、疫病がなくなり世情が平穏になつて五穀豊穣に恵まれ国民が富み栄える御代となつたのである。

歴代皇祖が「同床共殿」を祭政一致の根本原則として三種の神器を皇居に奉安し起居を共にしながら天照大神をおまつりしてゐた。崇神天皇の御代から神鏡と神剣を豊鍬入姫命に奉じさせ笠縫邑におまつりされたことによつて、新たなる祭政一致体制が構築されたのである。

皇室の祭祀の基本は「国の平安、民の安寧」を祈ることであり、何としても災厄を取り除いて国中が平穏となり、民が富み栄える道を模索なされた慈悲深い大御心を拝することができる。祭政一致に基づいた天皇御統治の御実践を示された詔なのである。

教化を四方に布き給ふの詔（十年七月廿四日『日本書紀』五）

民《たみ》を導《みちび》くの本《もと》は教化《をしへおもむくる》に在《あ》り。今既《いますで》に神祇《あまつかみくにつかみ》を禮《ゐやま》ひて災害皆耗《わざはひみなつ》きぬ。然《しか》るに遠荒《とほきくに》の人《ひと》等猶《どもなほ》正朔《のり》を受《う》けず。是《こ》れ未《いま》だ王化《きみのおもむけ》に習《なら》はざるのみ。其《そ》れ群卿《まへつきみたち》を選《えら》びて、四方《よも》に遣《つかは》して朕《あ》が意《こころ》を知《し》らしめよ。

（現代語訳）国民を善く正しく指導するためには、まず教化を第一にしなければならない。今、神々をお祀りしたので、災害を取り除くことができた。しかし遠方の国々の中には、私の命に服しないものもあるが、これはまだ皇道の正しい理念を知らないからである。群卿の中から四人の将軍を選んで派遣することになるが、よく私の心を知らしめるやうにせよ。

詔の冒頭で「民を導くの本は教化に在り」と四道将軍派遣の意義を仰せになられてゐる。皇道に浴してゐない未開の国々が乱立してゐる状態を何としても打開し、皇祖から続いてきた徳治主義に基づいたまつりごとを国の隅々まで教化宣布して素晴らしき国づくりをしていきたいとの大御心から、大彦命を北陸に、武渟川別命を東海に、吉備津彦命を西道に、丹波道主命を丹波にとそれぞれ派遣しようと御決意なされた。しかし、直前に武埴安彦の氾濫が発覚して一時延期。鎮圧後、再び派遣されて無事に海内を平定し各将軍が凱旋したのであつた。

四道将軍の派遣により皇室の御威徳が各所に拡張されたことで、国体のさらなる強固な基盤を確立せしめ、また多くの民の文化・生活を向上せしめたことは国史上輝かしき御事績であるといへよう。

人民を校し調役を課し給ふの詔（謹抄・十二年三月十一日『日本書紀』五）

然《しか》るに今罪《いまつみ》を解《はら》へ過《あやまち》を改《あらた》めて、敦《あつ》く神祇《あまつやしろくにつやしろ》を禮《ゐやま》ひ、亦教《またをしへ》を垂《た》れて荒俗《あらぶるひとども》を綏《やす》くし、兵《つはもの》を擧《あ》げて以《も》て不服《まつろはぬ》を討《う》つ。是《ここ》を以《も》て官《おほやけ》に廢《すた》れたる事無《ことな》く、下《しも》に逸民《かくるるたみ》無《な》し。教化《をしへおもむくる》流《ことし》き行《おこな》はれて、衆庶《おほみたから》業《わざ》を樂《たのし》む。異俗《あだしくにのひとども》譯《をさ》を重《かさ》ねて來《まねき》、海外《わだのほか》既《すで》に歸化《まゐおもむ》きぬ。宜《よろ》しく此《こ》の時《とき》に當《あた》りて更《さら》に人民《おほみたから》を校《かむが》へて、長幼《このかみおとと》の次第《すぎて》及《およ》び課役《おほせつかふこと》の先後《さきのち》を知《し》らしむべし。

（現代語訳）しかるに今、罪を祓ひ過ちを改め、あつく天神地祇を祀り、また教へを垂れて未開野蛮の荒ぶる人どもを和らげ、更に兵を派遣して四方の賊徒を平定した。よつて官に廃れたことなく、下に隠遁者もない。教化は行きわたり、庶民は安らかに家業を楽しみ、異俗の人々もやつて来て、海外の民も帰化してゐる。これからは、国民の民度民力などを調査して、長幼の序、租税賦課の順序先後等をよく知らしめるべきである。

四道将軍の派遣によつて、全国津々浦々まで皇威がますます輝くことになり、生活が向上して文化も興隆し天下泰平の基が確立された。さうした中で、国内の実態を調査して安定した秩序を保ち盤石なる国家運営を構築していくために、今でいふ租税体制を整備し実施していくことを仰せになられた詔であり、国史上、租税体制が確立された最初の御事績である。

船舶を造らしめ給ふの詔（十七年七月一日『日本書紀』五）

船《ふね》は天下《あめのした》の要用《むねつもの》なり。今海邊《いまわだのほとり》の民《たみ》、船《ふね》無《な》きに由《よ》りて以《も》て甚《にへさ》に歩運《かちはこび》に苦《くるし》む。其《そ》れ諸國《くにぐに》に令《のりご》ちて船舶《ふね》を造《つく》らしめよ。

（現代語訳）船舶は天下の甚だ大切なものである。しかし、海辺の民は船がないことで、交通運輸上苦しんでゐる。諸国に命じて、船舶を作らせよ。

「船は天下の要用なり」の御言葉に現はてゐるやうに、海辺に生業を立ててゐる民は、船がないことから様々な不憫を感じてゐた。このやうな世情を鑑みて国民生活の利便性向上や生産性向上を実現するために、船舶をつくるやう仰せになられた詔である。

池溝を開き民業を勸め給ふの詔（六十二年七月二日『日本書紀』五）

農《なりはひ》は天下《あめのした》の大《おほひ》なる本《もと》なり。民《たみ》の恃《たの》みて以《も》て生《い》くる所《ところ》なり。今河内《いまかふち》の狭山《さやま》の埴田《はにた》水少《みづすくな》し。

是《ここ》を以《も》て其《そ》の國《くに》の百姓《おほみたから》、農事《なりはひのこと》に怠《おこた》れり。其《そ》れ多《さは》に池溝《うなで》を開《ほ》りて、以《も》て民《たみ》の業《なりはひ》を寛《ひろ》めよ。

（現代語訳）農は天下の大本である。民がそれを恃みとして生きていくところのものである。しかし今、河内地方の狭山の田圃の水が少ないことから、その国の民は農業を怠つてゐる。そこで多くの池溝を掘り、民の生業をひろめ向上させるやうにせよ。

河内地方では農の生命線となるべき水が枯渇して、農の生業が成り立たない民の現状を憂慮して、池溝を開墾して民業が興隆するやう仰せになられた詔である。その後、依網池、刈坂池、反折池を作られて民の苦しむ現状を救済して、農の向上に尽力なされた。「農は国の大本である」と仰せの通りで、天祖の御神勅が相伝へられてより日本民族の生命といふべき農に大御心を注がれた有難き御事績なのである。

第十一代　垂仁天皇

神祇を祭り給ふの詔（謹抄・廿五年二月八日『日本書紀』六）

神祇《あまつかみくにつかみ》を禮祭《ゐやまひまつ》り、己《おのれ》を剋《せ》め躬《み》を勤《つと》めて、日《ひび》に一日《ひとひ》を慎《つつし》む。是《ここ》を以《も》て人民《おほみたから》富《と》み足《た》りて、天下太平《あめのしたたひらか》なり。今朕《いまあ》が世《みよ》に當《あ》りて神祇《あまつかみくにつかみ》を祭祀《いはひまつ》ること、豈怠《あにおこた》ること有《あ》るを得《え》むや。

（現代語訳）（先帝の崇神天皇は）天地神祇をお祀りして、御自身を反省し、毎日慎み深い御生活をお勤めあそばれた。だからこそ国民が富栄えて、国家安泰であつた。今私の代にあたり、どうして神祇の祭祀を怠ることができようか。

神を敬ひ民を養ふ理想的な徳高き御統治を執り行はれた先帝（崇神天皇）の御聖業を回顧するとともに、御自らも先帝に習ひ祭祀を怠ることなくまつりごとに精励することを五大夫に仰せなされた詔である。

垂仁天皇の御代に、倭姫命は、神意を奉じ天照大神が鎮座してお祭りすべき聖地を定めるべく、各所を御幸されていく。最初は菟田の筱幡で、次に近江の国、そして美濃の国から伊勢の国に辿り着かれた。そこで天照大神は「神風の伊勢の國は、則ち常世の浪の重浪帰する國なり。傍國の可怜國なり。是の國に居らむと欲ふ」と仰せられたことから、五十鈴川の川上に奉斎なされた。これが、今日の伊勢大神宮内宮の御創建の起源となつたのである。

殉死を止め給ふの詔（廿八年十一月二日『日本書紀』六）

夫《そ》れ生《い》くるときに愛《めぐ》みし所《ところ》を以《も》て亡者《しぬるひと》に殉《したが》はしむ、是《こ》れ甚《はなは》だ傷《いたきわざ》なり。其《そ》れ古《いにしへ》の風《ふり》と雖《いへど》も、良《よ》からずば何《な》ぞ従《したが》はむ。今《いま》より以後《ゆくさき》、議《はか》りて 殉《しぬるにしたが》はしむることを止《や》めよ。

（現代語訳）生前に寵愛を受けたことを以て、亡き人のため殉死を強制されるといふことは、はなはだ惨たらしいことである。いくら昔からの慣習とはいへ、悪いことは改めてもさしつかへない。今後はこれをやめて、殉死を禁ずるやうにせよ。

いつ頃から始まつたのか定かではないが、主君が死んだら近従者が陪臣として殉死するといふ痛しい風習があつた。倭彦命の御墓を築造したとき、古の風習によつて埋められた臣下の呻き声が、天皇の御耳まで達したことにより宸襟を悩まされてゐた。このやうな悪しき風習を改めるため、天皇は野見宿彌が進言した「人に代はつて土の器を置く」献策を聞き入れ、大いに喜んで採用なされた。のちにこれが埴輪の起源となつたのである。

神武天皇建都の詔の一節にある「民に利あらば～」の精神を実践された御事績であり、民のためならば以前から伝はる慣例や風習といへども、現状に即したより良き制度に変へていかうとの慈悲深き大御心が伝はつてくる尊き御事績だといへよう。

第十二代　景行天皇

日本武尊に東夷を伐たしめ給ふの詔（謹抄・四十年七月十六日『日本書紀』七）

願《ねが》はくは、深《ふか》く謀《はか》り遠《とほ》く慮《おもひはか》りて、姦《かたましき》を探《さぐ》り變《そむく》を伺《うかが》ひて、示《しめ》すに威《いきほひ》を以《も》てし、懐《なつ》くるに徳《うつくしび》を以《も》てし、兵甲《つはもの》を煩《わづら》はさずして自《おのづか》らに臣隷《まゐしたが》はしめよ。

（現代語訳）深謀遠慮を以て邪悪の者を探り反逆する者をうかがつて、威光を示し、徳によつて懐柔し、兵を使ふことなく自ら服従するやうにせよ。

日本武尊に東夷を平定するやう命ぜられた詔である。最初の段で、東国の民情、風土などの状況を仰せられてゐる。以前に東国、北陸地方一帯を武内宿禰が視察していることから朝廷にかなりの情報が入つてゐた。郷が分立状態で秩序も整はず民が途方に暮れてゐるのであらう。何としても皇道文化を宣布し、神より与へられし神聖なる稲穂を伝播して、多くの民が安寧した御代を築きたい。神勅に顕現された理想を葦原中国へ拡げていく尊き御使命の大義が現れてゐるともいへよう。東国で蝦夷が反乱を起こしたが、これを平定して世の安定と民の安寧を実現する大任を担へるのは、日本武尊において他にないと仰せなされてゐる。

次の段で「猛きこと雷電の如く、向う所前無く、攻むる所必ず勝つ。卽ち知る、形は則ちわが子にして、實は則ち神人なり」と日本武尊の性質を仰せになられてゐる。日本武尊は、御歳十六にして熊襲国の平定に御出立あそばされ、兵を用ゐずに御一人で泥酔状態にあつた熊襲梟師を誅殺されたのを始め、吉備や難波の賊徒も平定あそばされた。戦へば必ず勝つ常勝の御事績は、まさに神業ともいへ、知略武勇に秀でた尊を褒め称へてをられる。詔の中で「實は則ち神人なり」と仰せになられてゐるが、平田篤胤が『古史傳』で「神といへども皆人なり。人の中に、殊に勝れて上なる人を神といふ」と述べてゐることと少し重なり合ふ部分があるやうにも思ふ。このやうな思想は西洋ではありえず、神と人は明確に分離されてゐるが、我が国では、楠正成、和気清麻呂を始め歴史上名立たる多くの英雄は神として祭られ、明治維新の志士や大東亜戦争までの各戦火で倒れられた英霊も靖国神社の御祭神となつてゐる。また、郷土や民のため尽くした偉人が、神として祭られてゐることもあり、国や郷土に多大な貢献をした人々が神として祭られて、未来永劫その功績を称へられてきたのであつた。

日本武尊は、詔を承り「示すに徳教を以てすべきも、猶ほ服はざること有らば、兵を擧げてこれを撃たむ」と奉答されてゐる。これは神武天皇が詔で仰せられてゐる「吾必ず鋒刃の威を假らず、坐ながらにして天下を平げむ」といふ皇軍の真髄である精神継承であり、できるだけ兵を用ゐずに、徳に基づいた説得を続け、それでも意を汲み取らない場合は、やむを得ず武を以つて平定するやうにとの大御心である。戦になれば兵が傷つき、民の生活が困窮するからできるだけ悲惨な状況を回避したいとの慈愛溢れる大御心の発露だといへよう。詔を奉戴して東国を平定あそばされたが、凱旋の帰路、不運にも病に倒れられ、伊勢の能褒野にて御無念にも薨去あそばされてしまふ。

その後、景行天皇は「日本武尊を悼み給の詔」で尊の薨去に対して深く御悲嘆にくれる大御心を仰せなされ、「日本武尊御平定の國を巡幸し給の詔」では尊が平定した東国を行幸あそばされたい大御心を仰せなされてゐる。また、仲哀天皇は「父王哀慕の詔」で諸国に令して白鳥を献上するように仰せられてゐる。これら数々の詔からも日本武尊の御事績に対する尊敬と哀慕の大御心が伝はつてくる。神武御東征、四道将軍派遣に続く上古の御代において燦然と輝く御事績だといへよう。

第十三代　成務天皇

地方制度を定め給ふの詔（謹抄・四年二月一日『日本書紀』七）

黎元《おほみたから》、蠢《むくめくむし》の爾《ごと》くにして野心《あらきこころ》を悛《あらた》めず。是《こ》れ國郡《くに》に君長《ひとこのかみ》無《な》く、縣邑《あがた》に美渠《おびと》無《な》ければなり。今《いま》より以後《ゆくさき》、國郡《くに》に長《かみ》を立《た》て、縣邑《あがた》に首《おびと》を置《お》く。卽《すなは》ち當國《あたれるくに》の幹了者《をさをさしきびと》を取《と》りて、其《そ》の國郡《くに》の首長《かみ》に任《ま》け、是《これ》を中區《うちつくに》の蕃屏《まもり》と爲《な》せ。

（現代語訳）地方の有様を見ると国民の中には、蠢く虫のやうにして他を害し利を貪るやうな粗暴な者がゐる。これは国や郡には長官がゐない、県や邑もゐない故である。これからは国や郡に長を立て、県や邑には首を置く。その地方の実力者、長としてふさはしい者を首長に任じ、国のまつりごとを執り行ふやうにせよ。

先帝（景行天皇）の御代で、ほぼ国内に皇化を普及したことから、次の段階として、国内の内治行政組織の構築にとりかかられた。各地域に長を配置して円滑に政治を執り行ふためにも地方の実情に精通して、仁徳高く聡明な人物を長として任命し統治することが大事であり、もし地方の実情を知らず道理をわきまへない者が統治したら国民は不幸になる。つまり、国内隅々まで天皇御統治の大御心を実現するのが最大の目的であり、各地域に長を配置することで、民の安寧に寄与する地方統治体制を構築していかうと仰せられてゐる。

行政区域を山河の地理により、国・郡・邑・里に分けて国造・県主・稲置などを定めた。国郡から県邑すべてに長と首を配置することで、地方政治の内治組織を整備したことは、上古における新秩序建設であり、国史上重要な位置を占めてゐるといへよう。

第十六代　仁徳天皇

百姓の窮乏を察し群臣に下し給へる詔（謹抄・四年二月六日『日本書紀』十一）

朕《あれ》高臺《たかどの》に登《のぼ》りて以《も》て遠《とほ》く望《のぞ》むに、烟氣《けぶり》域中《くにのうち》に起《た》たず。以為《おも》ふに百姓《おほみたから》既《すで》に貧《まづ》しくして、家《いへ》に炊《いひかし》く者《ひと》無《な》きか。朕《あれ》聞《き》く、古《いにしへ》の聖王《ひじりのきみ》の世《よ》には、人々《ひとびと》詠徳《ほむる》之音《こゑ》を誦《あ》げて、家々《いへいへ》康哉之《やすらかなりといふ》歌《うた》有《あ》り。

（現代語訳）私が高殿（古事記では高山）に登つて遠くを望むと、国の中のどこにも煙が起つてゐない。思ふに民はまつたく貧しく、家に飯を炊く者がゐないのだ。聞くところによると、「古の聖王の世には、人々は君主の徳を讃へる声をあげ、家々に安らぎの歌があつた」といふ。

難波の高津宮でまつりごとを執り行はれてゐたが、皇居は質素で簡素な造りであつた。その高殿から平野を一望したところ、民の家々から炊烟が全く上がつてゐない。これは畿内だけではなく、おそらく全国的に民が困窮してゐるのではないだらうかと御心配あそばされた詔なのである。

炊烟が家々から上がつてゐるかどうかで、民の生活を見極めることができる。さうしたことから、日々高殿から民の現況を察知され、「しらす」政治を実践してをられたと拝察する。古の聖王の御代には、五穀豊穣で民が富み栄えて家々から慶びの声が満ち溢れるとともに、徳を称へる歌が詠まれてゐたと詔の中で仰せられてゐるやうに、「国の平安・民の安寧」を大御心としたまつりごとの実現を常に願つてをられたのである。民の窮乏の現状を深くお嘆きあそばされた悲痛の大御心が伝はつてくる。

三年の間課役を除き給ふの詔（四年三月廿一日『日本書紀』十一）

今《いま》より以後《ゆくさき》、三載《みとせ》に至《いた》るまで、悉《ことごと》く課役《えつき》を除《や》めて、百姓《おほみたから》の苦《くるしみ》を息《いこ》へよ。

（現代語訳）今より以後、三年間は、すべての課役を除いて、民の苦しみを取り除くやうに。

民の窮乏を救ひ安寧した御代を取り戻すために三年間、課役を免除する御英断をお下しになられたときの詔である。

民から徴収する税で国家を運営していくことは、今も昔も同じであり、税を免除することは、なかなかできることではない。国力の基盤は民であり、民が疲弊すれば国も疲弊するし、苦しいときに税を重くすれば民の反発を買ふことは必至である。このやうな苦境にある民の現状を救ふため、適時、最善の御英断を下されたことは、民にとつてまことに有難いことであり、大いに歓迎されたでことであらう。よく世情を知り政治に活かすことは良き政治を行ふ基本であり、御歴代天皇の仁慈深き大御心を体された御英断の御治績なのである。

百姓の富めるを喜び給ふの詔（謹抄・七年四月一日『日本書紀』十一）

朕既《あれすで》に富《と》めり、豈愁《あにうれひ》有《あ》らむや。

（現代語訳）私はすでに富んだのだ。もう心配はない。

三年間の課役の免除が功を奏し、五穀豊穣で民の生活も潤ひ、歓喜の声が聞こえてきた。安寧した御代を取り戻すことができたことは、常に祭祀の根本理念である「国安かれ民安かれ」との祈りの大御心を実践あそばされたことであり、結果として国民生活の向上がみられ、大いにお喜びあそばされたのである。

其れ天の君を立つることは、是れ百姓の爲なり。然らば則ち君は百姓を以て本と爲す。

是《ここ》を以《も》て古《いにしへ》の聖王《ひじりのきみ》は、一人《ひとり》も飢《う》ゑ寒《こごゆ》れば顧《かへり》みて身《おのれ》を責《せ》む。今百姓《いまおほみたから》貧《まづ》しきは則《すなは》ち朕《あ》が貧《まづ》しきなり。百姓《おほみたから》富《と》めるは則《すなは》ち朕《あ》が富《と》めるなり。未《いま》だ百姓《おほみたから》富《と》みて君《きみ》の貧《まづ》しきこと有《あ》らず。

（現代語訳）そもそも天が君を立てるのは、民のためである。さうであるならば君たるものは民をもつて本としなければならない。古の聖王は、一人でも飢え寒さに凍える者があれば反省して我が身を責められた。今、民が貧しければすなはち自分も貧しい。民が富めばすなはち我が身も富んでゐる。民が富んで君が貧しいといふことは未だかつてないのだ。

家々の炊烟が国中に満ち、安寧した御代を取り戻されたことをお喜びの仁徳天皇であらせられたが、御自らの身辺はといふと、皇居の垣の修理もできず宮殿の屋根も破れて雨が漏れ御衣が濡れてしまふやうな有様であつた。このやうな状況であるのに「なぜ富んでゐると言へるのでせうか」とお尋ねの皇后に答へられたのが、この詔である。

「天が君を立てるのは百姓のため」とあるが、天皇の統治者としての存在意義を仰せになられてゐる。天祖より神勅を授かり国土を経営するために天孫が降臨し治め給うて今日にいたつてゐるが、すべては「民を皇化して安寧した御代を構築するため」であつた。

支那の歴史を見てみると、天より有徳者を皇帝に任じて政治を司るが、悪政が蔓延り民の信頼を失ふと易姓革命が起こり、王朝の交代劇が繰り返されてきた。支那の歴史と比較してもわかるやうに、悠久の歴史を通じて、世界最古の皇室が存在してきたことについては「すべては民のため」との大御心をまつりごとの場で実践あそばされてきたからではないだらうか。

「百姓をもつて元となす」との御言葉であるが、百姓とは民のことであり、大御宝（おほみたから）と御慈愛いただき、すべての民のことを宝だと仰せになられてゐる。古から、天皇を中心に奉戴し、民が分ちに応じて適材適所その能力を発揮して国運の興隆に寄与してきたことが、我が国の君民一体の誇るべき国柄である。

聖帝と呼ばれた仁徳天皇の御陵は世界一の規模を誇るが、御陵造営時には、多くの民が進んで協力したことが記されてゐる。これは御恵み深き愛民精神に培はれた君民一体のまつりごとを執り行はれた結果であり、民は心から天皇を敬愛し、その御徳に応へ奉るため労苦を忘れて懸命に奉仕したのであらう。世界一の規模を誇る御陵の大きさは、天皇の愛民精神に満ち溢れた仁徳を顕現してゐるとともに、御統治の素晴らしさを世界に誇つてゐるといへよう。

難波の堀江を開鑿し給ふの詔（謹抄・十一年四月十七日『日本書紀』十一）

群臣共《まへつきみたちとも》に視《み》て、横源《よこしまなるうなかみ》を決《さく》りて海《うみ》に通《とほ》し、逆流《さかふるこみ》を塞《ふさ》ぎて、以《も》て田宅《なりところ》を全《まつた》うせしめよ。

（現代語訳）群臣は共によく視察して、横に溢れ流れる源を海に通じさせ、逆流を塞いで田や家を安全ならしめよ。

難波の不利な地理的条件を改善して、民の生業を安定させるやう仰せになられた詔である。堀江に運河を建設したのを始め、茨田堤を築き新田開墾や土木工事による社会資本整備を行ふなど民の生業向上と民生安定に寄与なされたことは、一途に民の安寧を願ふ有難き政治の御実践であるといへよう。

第十九代　允恭天皇

群臣に下して姓氏の錯亂せるを正し給ふの詔（四年九月九日『日本書紀』十三）

上古《いにしへ》の治《くにをさむること》、人民《おほみたから》所《ところ》を得《え》て、姓名《かばねな》錯《たが》はず。今朕践祚《いまあれあまつひつぎ》茲《ここ》に四年《よとせ》になりぬ。上下相争《かみしもあひあらそ》ひて百姓《おほみたから》安《やす》からず。或《あるひ》は誤《あやま》りて己《おの》が姓《かばね》を失《うしな》ひ、或《あるひ》は故《ことさら》に高氏《たかきうぢ》に認《したた》む。其《そ》の治《をさむる》に至《いた》らざることは、蓋《けだ》し是《これ》に由《よ》りてなり。朕不賢《あれをさなし》と雖《いへ》も、豈其《あにそ》の錯《あやまてる》を正《ただ》さざらむや。羣臣議《まちきみたちはか》りて定《さだ》めて奏《まを》せ。

（現代語訳）上古、国がよく治まつてゐたときは、国民も所を得て、姓名が誤ることもなかつた。今私が践祚して、ここに四年になるが、上下が相争ひ、民は安んずることができない。あるいは誤つて自分の姓を失ふ者もあり、あるいは故意に高い氏を自ら詐称する者もゐる。国がよく治まらぬのは、つまりこのためである。私は賢哲ではないけれども、どうしてその誤りを正さずにゐられようか。群臣が議定してその結果を奏上するやうに。

上古の社会組織は氏姓制度でなりたつてゐたが、自分の氏姓の出自を誤つて失つたり、欲に走り氏姓を詐称したりなどの弊風により、政情の不安定を引き起こし民の生活に害を及ぼすことになつてゐるのではないかと御懸念あそばされてゐた。

この状況を革正するために如何なる方法があらうかと臣下に議するやうに仰せられ、結果、盟神探湯（くがたち）により氏姓の真偽を確かめることになつた。

盟神探湯とは、神に誓ひ身を浄めて熱湯の中に手を入れて真偽のほどを確かめる神事であり、飛鳥の甘樫丘の麓にて執り行はれた。これにより、家系を明らかにして氏姓の偽りもなくなり制度の乱れを正すことができたのである。

第二十一代　雄略天皇

御遺詔（謹抄・廿三年八月七日『日本書紀』十四）

方今《いま》區宇一家《あめのしたひとついへのごとく》、烟火萬里《けぶりとほし》。百姓《おほみたから》艾安《をさまりやすくて》、四夷《よものひな》賓服《したがふ》。

（現代語訳）まさに今天下は一家のごとく治まり、竈の煙は遠く万里にまで立ち上つてゐる。万民よく治まり安らかで、また四夷も来朝し服従してゐる。

小心《こころをせめ》己《おのれ》を勵《はげ》まして、日《ひにひ》に一日《ひとひ》を愼《つつし》むことは、蓋《けだ》し百姓《おほみたから》の爲《ため》の故《ゆゑ》なり。

（現代語訳）心を細かに行きとどかせ、己を励まして、日々を愼んできたのも、すべては民のためである。

義《ことわり》は乃《すなは》ち君臣《きみやつこ》なり、情《なさけ》は父子《かぞこ》を兼《か》ぬ。

（現代語訳）道理に於ては君臣であるが、情に於ては父子も同然である。

本《もと》より身《み》の爲《ため》にするに非《あら》ず、止《た》だ百姓《おほみたから》を安養《やすく》せむと欲《おも》ふのみ。

（現代語訳）もとより一身のためではない。ただ民を安んじ養ひたいと思ふのみである。

臣《やつこ》を知《し》ることは君《きみ》に若《し》くは莫《な》し、子《こ》を知《し》ることは父《かぞ》に若《し》くは莫《な》し。

（現代語訳）臣を知ることは君にならぶものはなく、子を知ることは親にならぶものはない。

大伴室屋大連と東漢掬直に後事を託されたときの御遺詔である。天皇御統治の要諦や心構へを仰せになられてをり、まさに御歴代を一貫して流れてゐる大御心が拝察できる御遺詔なのである。

「君臣の義、父子の情」と、我が国の天皇と国民の間柄について簡明に仰せになられてゐる。天皇と国民は義と情の関係で結ばれてをり、それは家族における親と子の関係と同じである。天皇は日々、天神地祇に「国の平安、民の安寧」をお祈りあそばされる御存在であり、常に国の御父としての役割を果たされてゐる。また国難にぶつかれば、民（臣下）は大君のため国に奉仕する。このやうな国史の実例が度々あるやうに、まさに君と臣、君と民は義の関係で強く結ばれてゐる。大正天皇の即位礼ノ勅語にも「義ハ則チ君臣ニシテ情ハ猶ホ父子ノコトク」と仰せになられてゐるが、このやうな御言葉は御歴代天皇の詔勅の中にも数例拝せられる。この精神は連綿と御歴代天皇の大御心の中に生き続けてゐるのだといへよう。この精神で結ばれた君民関係を有する国は世界広しといへども見受けることができない。支那・欧米各国のやうに支配、被支配の上下関係で結ばれて、支配者の思惑通りに政治が運び、国民は支配者のための重税などの政治に苦しめられることが世界史上によく出てくる。我が国のやうに君と民が義と情で固く結ばれて上下一致して国体の興隆に努めてきた国史とは正反対である。我が国の君民関係の在り方と天皇御統治の真髄を教へてをられる重要な御遺詔なのである。

第二十六代　継体天皇

農桑を勸め給ふの詔—擧國皆働の詔（謹抄・元年三月九日『日本書紀』十七）

朕《あれ》聞《き》く、士當年《をとこそのとし》に耕《たがや》さざること有《あ》れば、則《すなは》ち天下《あめのした》其《そ》の飢《うゑ》を受《う》くること或《あ》り、女當年《めのこそのとし》に績《をう》まざること有《あ》れば、天下《あめのした》其《そ》の寒《こごえ》を受《う》くること或《あ》り。故《か》れ帝王《すめらみこと》躬《みづか》ら耕《たがや》して農業《なりはひ》を勸《すす》め、后妃《きさき》親《みづか》ら蠶《こが》ひて桑序《くはのとき》を勉《すす》めたまふ。

（現代語訳）聞くところによれば、男が農耕の業を怠れば天下は飢ゑに苦しむことがあり、女が糸を紡ぐ業を怠れば天下は寒さに苦しむことがある。それ故に昔から、天皇は自ら耕して農業を奨励し、皇后は自ら蚕を養育して桑を与へる時期を誤らないやう範を示してこられたのである。

農は天祖の神勅以来、民族の生命の源であり、農を奨励することは、神命を奉じて国を豊かにすることなのである。

今上陛下が宮中で御自ら率先して御田植ゑあそばされ、皇后陛下が養蚕をされるのも、この詔の精神を継承されてゐるのだといへよう。

明哲の士を擧用し惟神の大道を宣揚し給ふの詔（謹抄・廿四年二月一日『日本書紀』十七）

中興《なかごろおこる》之功《いさをし》を立《た》てむと欲《ほり》するときは、曷《なむ》ぞ嘗《かつ》て賢哲《さかしきひと》の謨謀《はかりごと》に頼《よ》らざらむや。

（現代語訳）皇位を継がれた御歴代も中興の功績を立てようとされるときは、常に賢哲の臣の政策に頼られたのである。

故《か》れ人《ひと》をして廉節《きよくかたき》を擧《あ》げしめて、大道《おほきなるみち》を宣《のべ》揚《あ》げ、鴻《おほきなる》化を流通《しきかよ》はさむ。

（現代語訳）私利私欲がなく節度を守る人を推挙して、大いなる道を宣揚し、徳化を宣布していかう。

神武天皇の御代の道臣命、崇神天皇の御代の大彦命の功績を例に挙げて、賢哲の臣を登用して仁政を布き、素晴らしき御代を構築していきたいと宣せられてゐる。

善き世をつくるには、賢人を登用しなければならない。悪しき世をつくってしまふのは、愚人を登用したときであることは、歴史的に見ても明らかである。大御心に適ふ理想的な国家統治を実現するためにも賢明なる臣とともに手を携へて国づくりを行ふことが、我が国のまつりごとの理想像であることを教へてゐる詔である。

第二十七代　安閑天皇

豊稔により大酺を賜ふの詔（謹抄・二年正月五日『日本書紀』十八）

内外《うちほか》清通《すみとほ》り、國家《みかど》殷富《にぎはひと》めり。朕《あれ》甚《にへさ》に欣《よろこ》ぶ。大《おほひ》に酺《さけのみ》すること五日《いつか》にして、天下《あめのした》の歡《よろこび》を爲《な》す可《べ》し。

（現代語訳）国内外は清く通じ、国家は栄え富んでゐる。私の喜びは大変大きい。大いに饗宴をはること五日にして、天下の歓びをつくすやうに。

近年、五穀が豊かに実り、民の歓びの声が国中に満ち溢れたことを大いにお喜びになられた詔である。

天皇御統治の理想的な成果であり、民とともにこの喜びを分かち合ふため酒食を御下賜して振舞はれたことは、君民和楽の我が国体のあるべき姿を醸し出してゐる。つまり民のことを第一にお考へあそばされる大御心の顕現といふべきで、国が富み栄えて民の生活が向上することが、天皇の一番望まれてゐる理想的な世のあり方なのである。

第二十八代　宣化天皇

穀を筑紫國に運びて非常に備へしめ給ふの詔（謹抄・元年五月一日『日本書紀』十八）

食《くらひもの》は天下《あめのした》の本《もと》なり。黄金《こがね》萬《よろづ》貫《はかり》ありとも、飢《いひうゑ》を療《いや》す可《べ》からず。白玉《しらたま》千箱《ちはこ》ありとも、何《なむ》ぞ能《よ》く冷《こごえ》を救《すく》はむ。

（現代語訳）食は天下の本である。黄金が万貫あっても、飢ゑをいやすことはできない。真珠が千箱あっても、どうしてよく凍えるのを救へるのか。

以《も》て非常《おもひのほか》に備《そな》へて、永《なが》く民命《たみのいのち》と爲《な》すべし。早《すみやか》に郡縣《こほりこほり》に下《くだ》して朕《あ》が心《こころ》を知《し》らしめよ。

（現代語訳）もつて非常に備へて、永く国民の命を守るやうにするのだ。早く郡県に勅を下して私の心を知らしめるやうに。

この詔を賜はり、筑紫国の那津に多くの屯倉を建てて穀物を貯蔵したのであつた。食の貯蔵について、国内的な目的として、凶年に備へて穀物を貯蔵し、民の緊急時に対応できる体制をとつておくことが第一である。対外的な目的として、来日する諸国の朝貢使の儀礼接待に対応するために貯蔵しておくこと。また筑紫国は地政学的にも重要な地域であることから、有事に備へて将兵の食料を備蓄する必要があり、国防上の観点からも重要な意義を有する。「食は天下の本なり」との仰せの通り、あらゆる方面で食が国の根幹を支へてゐることを教へてゐる詔であるといへよう。

第三十三代　推古天皇

神祇祭祀の詔（謹抄・十五年二月九日『日本書紀』廿二）

今《いま》、朕《あ》が世《みよ》に當《あ》りて神祇《あまつかみくにつかみ》を祭祀《ゐやま》ふこと、豈《あに》怠《おこたり》あらむや。故《か》れ群臣共《まちきみたちとも》に爲《ため》に心《こころ》を竭《つく》して、宜《よろ》しく神祇《あまつかみくにつかみ》を拜《ゐやま》ひまつるべし。

（現代語訳）私の世にあたり、神祇の祭祀をどうして怠ってよからうか。ゆゑに群臣と協力一致して心から神々を拝するやうに。

欽明天皇の御代に仏教が伝来（公伝）して以降、仏教は我が国に大いなる影響を及ぼしていくことになり、仏教崇拝の可否を巡つて蘇我氏と物部氏が対立していく。天地開闢以来、我が国の民族信仰は神道である。異国のどのやうな教へや信仰であつても、我が国の中心たる神道の上に位置することはできない。推古天皇、聖徳太子が群臣を率ゐて神々をお祭りになり、皇国の淵源を明らかにされたことは、国史上重要な意義をもつことであり、どのやうな教へや神々が来ようとも、民族信仰の中心である神道は、決して揺らぐことがないことを示した詔である。

隋の煬帝に贈り給へる國書（謹抄・十六年九月『日本書紀』廿二）

東《やまとの》天皇《すめらみこと》敬《つつし》みて西《もろこしの》皇帝《きみ》に白《まを》す。

（現代語訳）東の国、日本の天皇から、つつしんで西の国の皇帝に申し上げる。

隋の皇帝に対して送つた国書である。当時のアジア情勢といへば、大中華思想に基づいた支那中心の秩序体制であり、朝鮮を含む周囲の国々が、朝貢し隋の従属国となつてゐた。独立国の面子を保ち対等外交を展開するため、この国書を託して派遣したことは、皇国の威信を示したことであり、聖徳太子の御英断と御見識の高さがわかる快事であつた。

戦後、軟弱外交と揶揄され続けてゐるが、この国書の原点に還り、強くてしなやかな国益を重視した自主外交をしていただきたいと切に願ふ。

聖徳太子　十七條憲法（謹抄・推古朝十二年四月三日『日本書紀』廿二）

一《いち》に曰《いは》く、和《やはらぎ》を以《も》て貴《たふと》しと爲《な》し、忤《さか》ふること無《な》きを宗《むね》と爲《な》す。

（現代語訳）第一に曰く。人として大切なことは、和合協力していくことである。我意を通してむやみに逆らひ、諍ひを起こすことのないやうに。

三《さん》に曰《いは》く、詔《みことのり》を承《うけたま》はりては必《かなら》ず謹《つつし》め。君《きみ》をば則《すなは》ち天《あめ》とす、臣《やつこら》をば則《すなは》ち地《つち》とす。

（現代語訳）第三に曰く。詔勅が下つたならば、必ず謹んで承るやうにせよ。君臣関係とは、君は天であり、臣は地である。

十七《じふひち》に曰《いは》く、大事《おほきなること》は獨《ひと》り斷《さだ》む可《べ》からず。必《かなら》ず衆《もろもろ》と與《とも》に宜《よろ》しく論《あげつら》ふべし。

（現代語訳）国家の大事は独断で決めてはいけない。必ず皆のものと合議して慎重に行ふべきである。

聖徳太子が起草された我が国で初めての成文法である。内容は、国家統治のあり方、君臣の守るべき道徳規定など十七條で構成されてをり、儒教をはじめ、法家、仏教、道教などの教へを取り入れてゐることが特徴的である。

第一條の「和を以て貴しと爲す」は、君と臣、臣と臣の間の守るべき道徳律である。善政を布くためには、一人たりとも法・掟に背いてはいけない。それぞれの分ちに応じた働きが重なれば理想の世をつくることができる。和を基にした君民一体の我が皇道政治のあり方を示した万古不易の御教へなのである。

第三條の「詔を承はりては、必ず謹しめ」。詔は天皇の大御心を拝すことができる君と民をつなぐ懸け橋ともいへよう。皇祖以来連綿と続いてきた神勅に基づく大御心を基として、君と民が一体となつてまつりごとを行ふことが皇道政治なのだ。詔を通じて、民は大御心を拝し「みこともち」として理想的な御代を構築するため輔弼の臣として、謹んで承り政に精励するやう宣せられてゐる。

第十七條の「大事は獨り斷む可からず」。世に大きな問題が起これば、一人で判断することをせず皆の合議のもとで決めていかうと宣せられてゐる。天皇は民を信頼し給ひ、民は天皇を敬愛し奉り、君民一体となり英知を結集して、より良き善政を布いていくため大いに議論を尽くすことが必要なのである。八百万の神々が集つた天岩戸神話、明治新政府の五箇条の御誓文の「万機公論に決すべし」など日本的な民主主義のあり方を悠久の国史から幾例か挙げることができる。

この憲法の中で物議を醸すのが、第二條の「篤く三寶を敬へ」。仏教を信仰対象の中心にしたやうにうけとれる條文だが、神道は最上位の民族信仰であり、天地開闢以来、神道が我が民族精神の中心として生き続けてきた。しかし、当時興隆を極めた仏教の良きところをとつて、皇国発展の基にしようとの大御心から宣せられたのであらうかと拝察してゐる。

十七條憲法は皇国本来の理想的な御代を再興するための指針を示された歴史的に冠たる憲法だと思ふ。憲法改正への道筋が動きださうとしてゐる現代、この十七條憲法の意義から日本民族のあり方を政治家は学ぶべきではないだらうか。

第三十六代　孝徳天皇

大化改新の詔（謹抄・大化二年正月一日『日本書紀』廿五）

其《そ》の一《ひとつ》に曰《いは》く、昔在《むかし》の天皇等《すめらみことたち》の立《た》てたまへる子代《こしろ》の民《たみ》、處々《ところどころ》の屯倉《みやけ》（謹略）部曲《かきべ》の民《たみ》、處々《ところどころ》の田庄《たところ》を罷《や》めよ。（謹略）

其《そ》の二《つぎ》に曰《いは》く、初《はじ》めて京師《みさと》を修《をさ》め、畿内《うちつくに》に國司《くにのみこともち》・郡司《こほりのみやつこ》・關塞《せきそこ》・斥候《うかみ》・防人《さきもり》・驛馬《はゆま》・傳馬《つたはりむま》を置《お》く、及《およ》び鈴契《すずしるし》を造《つく》り、山河《やまかは》を定《さだ》めよ。（謹略）

其《そ》の三《つぎ》に曰《いは》く、初《はじ》めて戸籍《へふむだ》、計帳《かずのふむだ》、班田収授之法《あかちだをさめさづくるのり》を造《つく》る。（謹略）

其《そ》の四《つぎ》に曰《いは》く、舊《もと》の賦役《みつぎえたち》を罷《や》めて田《た》の調《みつぎ》を行《おこな》ふ。（謹略）

（現代語訳）その一に曰く、昔の天皇のお定めになつた子代の民や屯倉をはじめ、豪族の支配する民や諸々の土地の私有を止めよ。

その二に曰く、はじめに京師（皇都）を整理するとともに、畿内諸国に国司、郡司、関塞（重要な所の守塁）、斥候、防人、交通のために供された駅馬や伝馬等を置き、鈴契（駅馬・伝馬を使用する際に使用）をつくり、諸国の境界を定めるやうにせよ。

その三に曰く、はじめて戸籍、計帳、班田収授法を制定することとする。

その四に曰く、従来の賦役を廃止して、田の調をとるやうにする。

蘇我氏の横暴の数々は皇威を脅かすまでに発展した。この悪しき風潮を打開するために中大兄皇子、中臣鎌足らが立ち上がり蘇我入鹿に天誅を下した。世にいふ「乙巳の変」である（昔はこの義挙を含め「大化改新」と称してゐたが、現在はこの入鹿誅殺、蘇我氏滅亡の事件を特に「乙巳の変」と称してゐる）。

氏族制度の弊害から蘇我氏の横暴を生んだが、皇国本来のあるべき姿を取り戻さうと動き出したのが、大化改新であり、建武中興、明治維新と並び国史上の三大革新ともいはれてゐる。天皇を中心に戴き、民が一体となり「国安かれ・民安かれ」の神勅以来の大御心に適ふまつりごとを実現するべく国史は動いてきたが、時代の節目ごとに革新の時期が訪れる。楠正成を始めとした南朝の忠臣、明治維新を成し遂げた志士たちなど心ある臣下たちが活躍したことで、民族の甦りである維新を成就してきた。これこそ世界に誇る最古の万世一系の皇国が続いてきた原動力であるといへよう。

大化改新の要点を一言でいへば、君臣の分ちを明らかにして国体の淵源といふべき皇道政治を執り行ふとともに、民族信仰の中心である天神地祇への祭祀の道に従ふといふことである。

旧氏族制度の弊害を一掃して、時代に適応した政治体制を敷き、国民利益を増進して天下一人もその所を得ないものがないやうにするための理想的なまつりごとの実現を目指す四箇条による新政の綱領が宣せられてゐる。

新政を実施するにあたり、唐の律令制度を参考として取り入れられたが、あくまでも日本の実情に合つた制度として、公地公民制や班田収受法などを確立し「良きを取り悪しきを捨てる」方針のもと日本独自の政策を打ち立てられた。
氏族制度の弊害を打ち破り、中央集権国家の確立のため十七條憲法を制定された聖徳太子。その理想政治の精神を継承して逆賊蘇我氏を討ち、大化改新を断行された御事績はまこと素晴らしく、国史上常に敬仰されてきたのである。

第四十代　天武天皇

百官に下して國利民福の奏言を求め給ふの詔（九年十一月七日『日本書紀』廿九）

若《も》し國《くに》を利《とま》し百姓《おほみたから》を寛《ゆたか》にする術《みち》有《あ》らば、闕《みかど》に詣《まゐ》でて親《した》しく申《まを》せ。則《すなは》ち詞《ことば》體理《ことわり》に合《かな》へらば、立《たちどころ》に法則《のり》と爲《な》さむ。

（現代語訳）もし国家を利し、民を豊にすることについて考へがある者は、自身が宮門に来て自ら奏上するやうに。その説くところが道理に適ふものならば、法として実施しよう。

善政を布くため臣下の輔弼が必要であることは、皇道政治の基本的な要諦である。

天皇は常に「国の平安、民の安寧」を大御心として祭祀を執り行はれてゐる。その大御心に適ふ理想的な御統治を実現していくためには賢明なる臣下の協力が求められる。身位を問はず多くのあらゆる者に、国を豊かにする策があるならば申すやうにと親しく仰せられてゐることは、有難き大御心の発露である。これは神武天皇の「夫れ大人の制を立つるや、義必ず時に随ふ」の大御心にも通じるもので、時代の状況に適した民が望む世を確立するために も賢明なる臣下の意見を聞き、事理に適ふならば積極的に採用されようとしてゐる大御心を拝することができる詔なのである。

帝紀編修の詔（謹抄・十年三月十六日『古事記』序文）

斯《こ》れ乃《すなは》ち邦家《くに》の經緯《のりのふみ》、王化《みおもむけ》の鴻基《おほきなるもとゐ》なり。

（現代語訳）これ（国史編修）は国体の本源であり、皇化普及のための基本となるものである。

天武天皇が稗田阿礼に命じて、神代以来の故事伝承を暗誦させ、太安万侶が筆録、編纂し、和銅五年に我が国最古の史書『古事記』が完成した。以降『日本書紀』から『日本三代實録』までの六国史とよばれる官製の史書が編纂されていく。

神話から始まる国の成り立ちを通じて、我が民族の歴史・伝統・文化の根源を知ることができるとともに、世界最古の誇るべき皇室の徳化を宣布していくことができる。かうした国としての国史を編纂することは、国家の威信をかけた一大事業であるといへよう。

世界で最古の皇室を奉戴して、国づくりが行はれてきた歴史を持つ我が日本。民族精神の高揚、民族の甦りのためにも、これら史書が存在してゐることは、まことに有難いことだ。

貧民の負債を免じ給ふの詔（朱鳥元年七月十九日『日本書紀』廿八）

天下《あめのした》の百姓《おほみたから》の、貧乏《まづしき》に由《よ》りて、稲《いね》及《およ》び貨財《たちから》を貸《いら》す者《もの》は、乙酉年《きのとのとりのとし》（十四年）十二月卅日《しはすみそか》以前《よりさき》をば、公私《おほやけわたくし》を問《と》はず皆《みな》免原《ゆる》せ。

（現代語訳）民は貧困に苦しんでゐるので、稲や貨財を貸してゐるものは、昨年十二月三十日以前のものに限り、公私問はずにすべてを免除するやうにせよ。

貧民の苦しい実情を和らげるため負債を免じるやう命ぜられた詔である。

歴史を見てもわかるやうに西洋や支那の権力者は体制維持のために民の負担を重くすることで反感を買ひ、革命や反乱によつて体制が崩壊するパターンがよくあつた。しかし、詔からもわかるやうに我が国は違ふ。皇道政治の基本は「民の安寧」。民の生業が振るはず世が困窮すれば民が苦しむ。かうした状況を打開して民を救ふための策を講じられてきた。「仁徳天皇の民のかまど」の御治政をはじめ、御歴代天皇が租税を免除する詔を宣せられた数々の御聖徳があることは、我が民族の誇りである。政治家は必ず学ばなければいけない御教へであり、大御宝である民の苦を和らげることを政治理念とした政治姿勢をもつて、常に統治にあたることが大御心に適ふ政治家の理想像であり使命だと思ふ。

第四十二代　文武天皇

孝順の者を表彰し給ふの詔（大寳二年十月廿一日『續日本紀』二）

上《かみ》は曾祖《そうそ》より下《しも》は玄孫《げんそん》に至《いた》るまで奕世孝順《よをへてけうじゆん》の者《もの》には、戸《こ》を擧《こぞ》りて復《ふく》を給《たま》ひ、門閭《もんりよ》に表《へう》旌《しやう》して以《も》て義家《ぎけ》と爲《な》せ。

（現代語訳）上は曾祖から下は玄孫に至るまで、代々孝行なる者の一家の税を免じることと、里の入り口に札を立て、孝行なる者の名を表すことで皆の模範となるやうに重んぜよ。

代々孝行を尽した者の名を顕彰することで、皆の道徳的模範となるやうに仰せられた詔である。我が国では、神武天皇が鳥見山に天神をお祭りして大孝を申し述べられて報本反始の誠を捧げられたことを始め、君と民の間で民族道徳の基本的要素として、忠と孝が重んじられてきた多くの御事績がある。孝行を尽した民が孝子として表彰されることは誉れであるとともに、尊敬をうけて皆の模範となることから道徳力の向上ならびに風紀上、多大なる良き影響を与へたことであらうと拝察する。忠孝の道の実践を奨励された詔である。

國博士を選定するの制（謹抄・大寶三年三月十六日『續日本紀』三）

令《りやう》に依《よ》るに、國《くに》の博士《はかせ》は部内《ぶない》及《およ》び傍國《かたはらのくに》に於《お》きて取《と》り用《もち》ゐよと。然《しか》れども故《ふるき》を温《たづ》ねて新《あたらしき》を知《し》れるは、其《そ》の人《ひと》あること希《まれ》なり。

（現代語訳）大宝律令に従ひ、今より後は、国博士はその国内及び近辺の国々から採用することにした。それにしても今、古典を明らかにし、それを根拠に新しい時勢に合はせるやうに学問する者が少ないのは遺憾だ。

令とは大宝律令のことであり、文武天皇の御代に忍壁皇子と藤原不比等に勅して、律令の撰定を命じられ大宝元年に完成した。その律令に則り、国博士を任定するやうに宣せられた詔で、国博士とは、学問を教へる教師のことである。詔の中では、故を温ねて新を知る学問の探求をする学者が少ないと強く懸念あそばされており、採用に当たり温故知新の学問研究ができる優秀な人材を探し出すやうに仰せなされてゐる。

災を禳ひ民を救ひ給ふの詔（謹抄・慶雲二年四月三日『續日本紀』三）

朕《ちん》、非薄《ひはく》の躬《み》を以《もち》て王公《わうこう》の上《かみ》に託《よ》る。徳《とく》上天《じやうてん》を感《かん》ぜしめ、仁《にん》黎庶《れいしよ》に及《およ》ぶこと能《あた》はず。遂《つひ》に陰陽《おむやう》をして錯謬《さくびう》せしめ、水旱時《すゐかんとき》を失《うしな》ひ、年穀《たなつもの》登《みの》らず、民《たみ》に菜色《さいしよく》多《おほ》からしむ。此《これ》を念《おも》ふ毎《ごと》に心《こころ》に惻怛《そくだつ》せり。

（現代語訳）徳薄く智乏しき身をもつて謹んで天子の位に即位したが、その徳は天神を感動させることができず、またその仁を民に及ぼすことができない。したがつて天の咎めによるものか、近年、気候の不順や降雨日照のときが都合よく行かぬゆゑ穀物が実らず、食料不足のため民の顔には不安の色が多く見られる。このことを思ふと実に痛ましいことであり悲しまざるをえない。

各地に疫病が流行り、旱魃や風水害の影響で、穀物が不作となり民が苦しんでゐた。このやうな状況を打開するため、五大官寺に金光明経を読ましめ神仏に御祈願あそばされ、民の負担を軽減するために挙税と庸を減じる策を取られた。民の安寧を望まれる大御心の現れであり、御歴代列聖を一貫して流れる皇道政治の基本的精神であるといへよう。

禮を重んじ風紀を正し給ふの詔（謹抄・慶雲三年三月十四日『續日本紀』三）

夫《そ》れ禮《れい》は天地《てんち》の經義《きやうぎ》、人倫《にんりん》の鎔範《ようはむ》なり。道徳仁義《だうとくにんぎ》は、禮《れい》に因《よ》りて仍《すなは》ち弘《ひろ》まり、教訓正俗《けうくんせいぞく》は、禮《れい》を待《ま》ちて成《な》る。

（現代語訳）礼は天地の大本、人の正しい道である。道徳や仁義も、礼儀正しくすることで広まり、正しい教化・善導は礼を重んじることで成る。

礼とは、天地の大本、統治の基本となるものであるとともに、人として履み行はなければならない道理であり、礼儀を正すことで道徳などの教化善導を弘めることができる。しかし、現状は真逆で役人の中には礼を失する行為が多く見受けられて、あらゆる方面で風紀の乱れが蔓延してゐることを深く御懸念あそばされてゐる。かうした世を改めるため礼に反する行為があれば、厳しく罰することで官紀更生の実を上げるやうにとお諭しなされた詔である。

奈良時代

第四十三代　元明天皇

王臣に下し給へる勅（謹抄・和銅元年七月十五日『續日本紀』四）

忠浄《ちゆうじやう》は臣子《しんし》の業《わざ》を守《まも》り、遂《つひ》に榮貴《やうき》を受《う》け、貪濁《どむぢよく》は臣子《しんし》の道《みち》を失《うしな》ひて必《かなら》ず罪辱《ざいじよく》を被《かかぶ》ると。是《こ》れ天地《てんち》の恒理《こうり》、君民《くんしん》の明鏡《みやうきやう》なり。

（現代語訳）忠義廉潔で、臣子の道を守れば、いつかは立身出世し、貪欲で臣子の道を違へば、必ず罪辱を被るのだ。これは天地間の変はらぬ道理であり、君民共に己を省みる鏡である。

冒頭で「汝王臣等は諸司の本なり」と高位高官の者は、諸役人の模範となるやうに諭されてゐる。忠義と清浄な心を常に忘れず君臣の道理を守り真面目に務めれば成功し、道理に反する不道徳な行ひをすれば必ず咎めを受けることは、天の節理であることから、道理を守り才能を発揮する役人を昇進させて、職務を果たさず綱紀を乱す者は厳重に処罰するやうに仰せられた役人の道徳を誡める勅である。役人の仕事とは「公への仕へ事」、つまり国家に仕へることであり、私利の心を抑へて、公に仕へる心を持つて奉仕することが、公人としてあるべき姿勢である。国・民の安寧のため奉仕すべき公人としての基本的な心得を教へられてゐる勅であるといへる。

第四十四代　元正天皇

日本紀の奏上（養老四年五月『續日本紀』）

一品舎人親王《ぽんとねりしんわう》、勅《ちよく》を奉《ほう》じて、日本紀《にほんき》を修《をさ》む。是《こゝ》に至《いた》りて功成《こうな》り、紀《き》三十巻《くわん》・系圖《けいづ》一巻《くわん》を奏上《そうじやう》す。

（現代語訳）舎人親王は、勅を奉じて、日本紀の編修をした。このたび事業が終はり、日本紀三十巻・系図一巻を献上された。

『日本書紀』は、天武天皇の御代から三十八年の歳月をかけて完成した、我が国初の勅撰史書である。この書から日本神話、皇室の尊厳、民族精神のあり方など日本の歴史・伝統・文化の思想的根源を知ることができ、天壌無窮の神勅から御歴代天皇の重要詔勅が伝へられてゐることは有難いことだ。『古事記』『万葉集』の古典と共に我が民族の神典として位置づけ、戦後体制を打破し日本再興と民族の甦りのための羅針盤として、大いに学び活用しなければならない。

直言を求め給ふの詔（謹抄・養老五年二月十六日『續日本紀』八）

朕《ちん》が徳《とく》菲《ひ》薄《はく》にして民《たみ》を導《みちび》くこと明《あきら》かならず。（謹略）**國家《こくか》の事《こと》、萬《ばん》機《き》を益《やく》するあらば、必《かなら》ず奏聞《そうもん》すべし。如《も》し納《い》れざることあらば、重《かさ》ねて極諫《ごくかん》を爲《せ》よ。**

（現代語訳）私は天子の徳薄くして、民を導くに聡明でない。（謹略）国家にとり、利益があるならば、遠慮することなく必ず申し出るやうにせよ。その言葉が正しいのにもし用ゐることがなかつたならば、重ねて強く諫言せよ。

天皇として君臨し、政治を司る責任の重さを謙虚に御自戒あそばされてゐることが宣せられてゐる。「身は、紫宮に居れども心は黔首にあり」と宮中奥深くにゐても、いつも民のことを念じてゐるとの有難き大御心を仰せられてゐる。これこそが、君民一致の皇道政治の真髄であらう。政治を執り行ふにあたり臣下の意見を聞き、もし道理に適ひ国の利益になるならば、積極的に採用しようとの大御心を仰せられてゐる。国の平安、民の安寧を実現するため君と臣が協力し英知を結集して、理想の政治を構築していくため臣下の直言が必要だとの強い大御心が拝せられる。

第四十五代　聖武天皇

醫藥下賜の詔（謹抄・神龜三年六月十四日『續日本紀』九）

夫《そ》れ百姓《ひやくせい》、或《あるひ》は痼病《こびやう》に染沈《せんちん》し、年《とし》を經《へ》て未《いま》だ愈《い》えず、或《あるひ》は亦重病《またぢゆうびやう》を得《え》て、晝夜辛苦《ちうやしんく》す。朕《ちん》は父母《ふぼ》爲《た》り、何《なん》ぞ憐愍《れんびん》せざらむや。

（現代語訳）聞くところによると民の中には不治の病に感染して、何年たつても快癒せず、あるいはまた重い病にかかつて、昼夜を通じて辛く苦しんでゐるものがゐるといふことである。私は民の父母である。どうしてこれを憐れまずにゐられようか。

病気が流行して、民が苦しむ惨状を救ひたいとの大御心が「朕は父母たり」とのお言葉に顕現されてゐる。この大御心は御歴代に一貫して継承されてをり、常に民を思ふ慈愛溢れる聖旨である。救済策として、畿内及び六道諸国に医者を派遣し病人を治療したり、病の度合ひにより穀物を賜るやう仰せになられてゐる。同じ御代、光明皇后が悲田院や施薬院を設置して、病気に苦しむ民や貧しい民の救済にあたられた御事績はあまりにも有名である。

第四十六代　孝謙天皇

集會飲酒を禁じ給ふの詔（謹抄・天平寶字二年二月廿日『續日本紀』廿）

時《とき》に随《したが》ひて制《せい》を立《た》つるは、國《くに》を有《たも》つの通規《つうき》にして、代《よ》を議《はか》りて權《けん》を行《おこな》ふは、昔王《せきわう》の彝訓《いくん》なり。

（現代語訳）時勢に応じた制度を構築することは、国の立法の原則であり、世の動向を察しこれに順応した政治を行ふのは、古来より天子がお教へになつてをられることだ。

「時に随ひて制を立つる」民の利に適ふならば時勢に順応するやうな制度を作るやうにとの御言葉から、神武天皇の橿原建都の詔より、継承されてきた精神を実践あそばさうとの大御心を拝することができる。「酔亂節無くして、便ち闘争を致す」酒による人心の乱れを御懸念あそばされて、風紀の乱れを正すために、祭りのお供へや病気を治療する以外は、飲酒を禁じ違反した場合は厳重に処罰し、酒宴をする場合は届け出をするやうに仰せられてゐる。また、孝謙天皇は天平勝寶六年十月十四日に「雙六《すごろく》を禁じ給ふの勅」も宣せられて賭博を禁じられてをり、悪しき風習を粛清して風紀を正し、道徳秩序を健全にするための大御心を実践あそばされてゐたのである。

第四十七代　淳仁天皇

飢饉疾疫流行に依り田租を免じ給ふの詔 （謹抄・天平寶字七年八月一日『續日本紀』廿四）

如聞《きくならく》、去歳《きよさい》霖雨《ながあめ》あり、今年《こんねん》亢旱《ひでり》し、五穀《ごこく》熟《みの》らず、米價《べいか》踊貴《ようき》す。是《ここ》に由《よ》りて、百姓《ひやくせい》稍《やや》く飢《き》饉《きん》に苦《くる》しむ、加以《しかのみならず》、疾疫《しつえき》ありて死亡《しばう》するもの數多《かずおほ》しと。

（現代語訳）聞くところでは、去年は長雨が降り今年は日照りが続くなど天候不順により五穀が実らず、米の値段が上昇してゐることで、民が飢饉で苦しんでをり、そればかりでなく、疾病のために死亡するものも多いといふ。

民が穀物の不作による飢饉と疫病のため生活苦に喘いでゐる現状を救ひだすための救恤策として畿内を始め、各地の田租を免じるやうに宣せられた詔である。田租や庸など租税を減じることで、民の負担を軽減するやうに仰せられてゐることは、御歴代詔勅にも多く見受けられ、民のことを第一に考へられてゐる御聖徳溢れる大御心の実践だといへよう。

第四十八代　称徳天皇

産業を勸奬し給ふの勅 （謹抄・天平神護三年四月廿四日『續日本紀』廿八）

夫《そ》れ農《のう》は天下《てんか》の本《もと》なり。吏《り》は民《たみ》の父母《ふぼ》なり。農桑《のうさう》を勸《つと》め課《くわ》するに、常《つね》に制有《せいあ》らしめよ。此來《このごろ》、諸國《しよこく》頻年《としごろ》登《みの》らず、唯《ただ》に天道《てんだう》の宜《よろ》しきに乖《そむ》けるのみに匪《あら》ず、抑亦《そもそもまた》人事《じんじ》怠慢《たいまん》なればなり。宜《よろ》しく天下《てんか》をして、勸《つと》めて農桑《のうそう》を事《こと》とせしむべし。

（現代語訳）農は国の本である。役人は民の父母である。農や蚕の業を奨励して常に節制があるやうにせよ。この頃、諸国で凶作が続き穀物が実らない。これは天候のせいばかりではなく民の怠慢も一つの事由である。今後は農と蚕の業に精を出して勤めるやうにせよ。

冒頭に「夫れ農は天下の本である」と仰せられてゐるが、崇神天皇を始め御歴代詔勅の中で「農は国の大本である」との御言葉を度々宣せられてゐる。天孫降臨以降、高天原より伝へられし稲（農）は民族の生命であり、稲（農）を全国に伝播して民を食すことが我が民族に与へられた使命である。「吏は民の父母なり」、役人は天皇の大御心を実現するため国の安泰、民の繁栄へと導いていく役割と責任がある。国力の基となる農の発展と育成に精力を尽すやうに仰せられてをり、穀物が不作である要因として天候不順の影響だけではなく、民が生産を怠つてゐることも考へられるとの厳しい指摘をされてゐる。農や蚕業を精励する今後の改善策として、勤勉に働き優秀なものを専門官としてあたらせるとともに、穀物が実り民の利益があがつたならば褒美を与へると仰せられてゐるなど国の大本である農の生産を奨励した勅である。また、この勅には「先づ肅敬以て境内驗ある神祇を禱祀り、次に存心以て部下百姓の産業を勸課せよ」とも仰せられてをり、霊験あらたかなる神々への祭祀を第一とされ、人事を次とされてゐることも、御歴代天皇に一貫した御精神である。

和氣清麻呂をして宇佐八幡の神命を聴かしめ給ふの勅（神護景雲三年九月廿五日『續日本紀』卅）

昨夜《さくや》夢《ゆめ》に、八幡《はちまん》の神《かみ》の使《つかひ》來《きた》りて云《い》はく、大神《おほかみ》、事《こと》を奏《そう》せしめむが爲《ため》に、尼法均《にほふきん》を請《こ》ふと。宜《よろ》しく汝《なんぢ》清麻呂《きよまろ》、相代《あひかは》りて往《ゆ》きて、彼《か》の神命《しんめい》を聴《き》くべし。

（現代語訳）昨夜の夢に、宇佐八幡の神の使ひがあらはれて「大神が大事を奏上するために、尼法均を請はれてをります」と告げた。清麻呂は法均に代はり宇佐に行き神の託宣を聴いてくるやうに。

国史上、三大悪党の一人として悪名高き道鏡は、法王の称号をいただき権力を恣にする一方、遂に天皇の御位の簒奪までをも画策するにいたつた。習宣阿曾麻呂は、道鏡に媚び阿るままに、宇佐八幡の神教として「道鏡をして皇位に即かしめば、天下太平ならむ」と国体の道理に反する言を奏上した。国の骨幹を揺るがしかねない皇統に関する重大事態を御懸念あそばされた天皇は、言の真偽を確かめるため、姉の法均尼に代はり、和気清麻呂に宇佐八幡の神教を聴きにいくやうに勅された。結果として「我が國家は開闢以来、君臣定まれり。（略）天之日嗣は、必ず皇緒を立てよ」との神託を賜り天皇に奏上した。神託には、皇統以外のものが天津日嗣を継承することができない君臣間のあるべき道理が簡明に告げられてゐる。以後、和気清麻呂は道鏡の逆鱗に触れ大隅に流され不遇の思ひをするが、忠烈の一途な思ひが通じて、道鏡の野望を粉砕することができた。京都市内に鎮座する護王神社の御祭神として、その忠烈無比の精神を称へられ顕彰され続けてゐる。

第四十九代　光仁天皇

天長節を定め給ふの勅（謹抄・寶龜六年九月十一日『續日本紀』卅二）

十月十三日《じふぐわつじふさんにち》は、是《こ》れ朕《ちん》が生日《しようじつ》なり。（謹略）**仍《よ》りて此《こ》の日《ひ》を名《な》づけて、天長節《てんちやうせつ》と爲《な》す。**

（現代語訳）十月十三日は、これ私の生まれた日である。（謹略）この日を天長節と名づけることにする。

天皇の御誕生日である天長節が、歴史上初めてみえたのがこの勅である。この日は諸寺の僧侶や尼僧に読経や勤行をさせ、また殺生を禁じるなど善行功徳を施すと共に、諸役人に休暇を与へ祝ひの酒を下賜して、皆と共に天下を挙げて喜びを分かち合はうと仰せられてゐる。

安閑天皇の御代にも、五穀豊穣で、民が富み栄えたことを祝しお酒を下賜して、皆で喜び合つた御治績がある。まさに君民和楽の我が国のあるべき姿であるといへよう。

平安時代

第五十代　桓武天皇

僧徒の利を貪るを禁じ給ふの勅（謹抄・延暦二年十二月六日『續日本紀』卅七）

先《さき》に禁斷《きんだん》有《あ》りしが、曾《かつ》て未《いま》だ懲《こ》り革《あらた》めず。而《しか》も今京内《いまきやうない》の諸寺《しよじ》、利潤《りじゅん》を貪《むさぼ》り求《もと》めて、宅《たく》を以《もつ》て質《しち》に取《と》り、利《り》を廻《まは》して本《もと》と爲《な》す。

（現代語訳）以前から固く禁じてゐるのに、いまだ懲り革めない者がゐる。今や京内の緒寺が不当なる利益を貪り求め、家屋を担保にしたり、利子を元本に繰り入れたりしてゐる。

諸寺の僧徒どもが禁止事項を犯し、民に金を貸して利息から暴利を貪つてゐる状況を御懸念あそばされ、また取り締まるべきはずの役人が僧徒と結託し、便宜を図つてゐることは役人の心得に反すると諭された。かうした悪しき状況を打破するために、違反した者を違勅の罪として、厳重に罰するやう宣せられてゐる。仏教の興隆に伴ひ僧徒の墜落や横暴が著しくなり、仏の尊き教へを忘れて物欲に溺れ、人倫に悖る墜落した情けない状況が目立つことは現在でも同じことだといへよう。以前に（天平勝寶三年九月）太政官符で禁止されてゐたにも関はらず、民から多くの不当な利を貸しつけては暴利を貪つてゐる僧徒や役人を厳しく取り締まるやう仰せられたことは、民の惨状を憂へて公平公正な御代を築きたいとの聖徳が溢れた勅だといへる。

王臣家等の山澤の利を獨占するを禁じ給ふの詔（謹抄・延暦三年十二月十三日『續日本紀』卅八）

山川藪澤《さんせんそうたく》の利《り》は、公私之《こうしこれ》を共《とも》にすること、具《つぶさ》に令文《りやうぶん》に有《あ》り。如聞《きくならく》、比來《このごろ》、或《あるひ》は王臣家《わうしんけ》及《およ》び諸司《しよし》・寺家《じけ》、山林《さんりん》を包《か》ね并《あは》せて、獨《ひと》り其《そ》の利《り》を專《もつぱ》らにすと。

（現代語訳）山川原野の利益は、公私が共用すべきであり、これは、すでに詳しく令則にある。この頃は、王侯・諸臣、役人や寺院などが山林を縦に独占し利を貪つてゐるとのことである。

諸氏、寺家などの有力者が多くの山林原野を占有し、利益を独占してゐることは、令文（大宝令）に違反してをり、民業を妨げ利益を縦にしてゐるこの悪しき状況を御懸念あそばされ、山林等の独占を禁じ、違反するものがあれば厳しく罰するやうに宣せられてゐる。大宝令に占有の禁止を明記してゐるが、文武天皇、元明天皇も山川原野を占有することを禁じ給はれてゐた。法を犯してまでも利を得たいと思ふ不逞な輩はいつの世もゐる。掟を破り私欲を得たいと考へるのは、皇国の民として恥づかしきことだ。詔の要点は「公私之を共にすること」。国土は伊邪那岐命、伊邪那美命の二柱の神が生み給うたものであり、君民が一体となつて国づくりを行つてきた大きな共有財産である。山川原野の恩恵を君民が共有することで、国土発展につなげるあり方を諭されてをり、資本主義の世に個人主義が蔓延り、皇国本来の国土のあり方を忘れた現代にとつて教訓になる詔だといへよう。

長岡宮に役夫を進つる國の今年の出擧の息利を減じ給ふの詔（謹抄・延暦七年九月廿六日『續日本紀』卅九）

徴發《ちようはつ》の苦《く》、頗《すこぶ》る百姓《ひやくせい》に在《あ》り。是《ここ》を以《もつ》て、其《そ》の功貨《こうくわ》を優《ゆたか》にして、勞煩《らうはん》無《な》からむことを欲《ほつ》す。

（現代語訳）徴用の苦労は、民にとり並大抵ではない。それであるから工賃を十分に支給して、勤労を厭ふことがないやうにしたいと思ふ。

詔で長岡京建都にあたり徴発された民の苦労を懸念あそばされてをり、賃金を充分に与へて労働を厭ふことがないやうにしたいことを宣せられてゐる。また、造営の役夫の苦労に対しても御懸念あそばされてをり、正税などの利息を減じる措置をとるやうに仰せられてゐる。桓武天皇の代表的な御事績と言へば平安京遷都が有名だが、その前に藤原種継の建議を聞き入れて長岡に遷都された。詔の冒頭で、遷都の事由として水陸の交通の利便性向上を考慮してとのことが宣せられてゐる。遷都は国家にとり、一大事業である。しかし、不運にも建都の途中で藤原種継が凶徒に襲はれ薨去したことから、建都造営が頓挫してしまふ。長岡京建設にあたつた民のことを第一に考へられる聖慮溢れた大御心が現れてをり、すべての民のことを大御宝と思し召されてゐる皇道政治の基本姿勢を詔から拝することができる。

第五十一代　平城天皇

正税を貸して貧人を救ひ給ふの勅（謹抄・大同元年五月六日『日本後紀』十三）

今《このごろ》聞《き》く、頻年《ひんねん》登《みの》らずして、民《たみ》の食《しょく》惟《こ》れ乏《とぼ》しく、公稲《こうたう》を出擧《すゐこ》すと雖《いへど》も、而《しか》も猶《なほ》多《おほ》く飢《うゑ》に阻《なや》む。

（現代語訳）聞くところによると、近年凶作続きで、穀物が実らず、民の食が欠乏してをり、公稲を貸しても、なほ飢ゑに苦しむ民が多くゐる。

勅の中で「凶作の影響で民が貧窮してをり、それに付けこみ金銭や物品を貸し付け、返済時には利息を倍にして取り立てる役人がゐる。かうした不正をなくすために公正な貸し借りが行はれる措置を講ずるやうに」と宣せられてをり、反した行為があれば厳重に罰するやうに仰せられてゐる。貧民を救済するための聖旨から、正しい税、金銭などの貸し借りの公正公平なあり方を命じられてゐる。いつの世にも貧民を貶める不逞の輩が存在してゐるが、その影響により大御宝である民が困ることなく、安寧した世を過ごせるやう日々祈りまつりごとに実践されてゐる天皇の御聖徳を拝察することができるのである。

衛士をして左右京の堤溝を修補せしめ給ふの勅（謹抄・大同元年九月四日『日本後紀』十四）

水《みづ》の浸損《しんそん》は、微《び》を積《つ》みて害《がい》を爲《な》す。小決《せうけつ》に屬《あた》りて、功一簣《こういつき》に在《あ》り。

（現代語訳）水の被害は、少しづつじわじわ浸み込んで、それが積もり害をなす。破損が少ないうちに修復すれば、僅かの労力で成功を収めることができる。

大同元年八月、降り続く雨により、河川が氾濫して被害を被る諸国が続出してゐた。勅では、水害の原理を諭されるとともに、少々の損害でも速やかに補修を行へば、僅かの費用と労力で災害を未然に防止することができると宣せられ、衛門・衛士府に左右京の堤溝を修繕するやうに命じられてゐる。年々、各所で集中豪雨による被害が多発してをり、平成二十六年八月に広島市内で集中豪雨による土砂災害があつたことは記憶に新しい。国民の生命を守る防災上の観点からも、必要箇所には費用を惜しまず対策を講じるべきだと思ふ。

第五十二代　嵯峨天皇

諸國の吏を戒め給へる勅（謹抄・弘仁四年五月廿五日『類聚國史』百七十三災異七疾疫）

治國《ちこく》の要《えう》は、民《たみ》を富《と》ますに在《あ》り。民《たみ》に其《そ》の蓄《たくはへ》有《あ》れば、凶年《きようねん》を是《こ》れ防《ふせ》ぐ。

（現代語訳）国を治める要諦は、民を富ますことである。民に蓄財ができれば、凶年があつても困窮することはない。

この勅の中で「諸国の役人の中には、民を愛し慈しむ心がなく農業を妨げ、民を苦しめ、私腹を肥やす者が多くゐる。その影響で、民が生業を失ひ衣食に貧窮してしまふと、毎年賑給を願ひ出てくるので国庫が欠乏する。以後は、災害や疾疫などのことがなければ、賑給を請うてはいけない」と仰せられてゐる。冒頭に、「国を統治する基本は民を富ますことである」と仰せられてゐることは、御歴代一貫して流れてゐる皇道政治の基本要諦であり、代表例として仁徳天皇の「朕は富めり」の聖旨が思ひ出される。常に民のことを思ひ民と共に歩むことを望まれてゐるのが大御心なのである。民が富み蓄財が増えれば、凶年に見舞はれても防ぐことができてきたが、役人などの不心得の影響で国庫から無駄な出費が増えれば、必要なときの蓄へがなくなり、いざといふときの備へをすることができない。役人のあるべき姿勢と心得を諭されるとともに、国庫の賑給の用途を定められた勅である。

第五十三代　淳和天皇

凶年に依り直言を求め禮服著用を停め給ふの詔（謹抄・弘仁十四年十二月四日『類聚國史』七十一歳時二元日朝賀）

古《いにしへ》の王者《わうじや》は、命《めい》を受《う》けて籙《ろく》に膺《あた》り、文質相變《ぶんしつあひへん》じ、損益《そんえき》同《おな》じからず。風《ふう》を興《おこ》し治《ち》を致《いた》し、範《はん》を彝訓《いくん》に垂《た》る。之《これ》を古今《ここん》に通《つう》じて、其《そ》の揆《き》一《いつ》なり。

（現代語訳）古の帝王は、天命により皇位に即位すれば、政治を実質とともに一新し、その取捨するところ以前と同じではない。風教を盛んにし天下を太平にして、身をもつて人倫五常の道理を伝へられた。このことは古今を通じて、その道を一つにしてゐる。

詔では、旱魃疫病が起こり、五穀実らず民が困窮してゐる状況を御懸念あそばされてをられる。そして、善政を施し現状を打開するため、役人に献策を述べるやう仰せられるとともに、「世が混乱して国力が衰退し、礼服を用意することができないため朝賀を欠けるものが多いことから、凶年の間は礼服着用をとどめるやうに」と命じあそばされてゐる。

世を救済する道としては、古の制度に固執することではなく、時勢に適した制度をたてて善政を行ふことが必要である。陋習に囚はれることなく、世を救ひ民に恩恵を施さうとの思し召しから、役人などに意見を述べるやう命じられたことは、神武天皇の橿原建都の令「大人の制度を立つ。義必ず時に隨ふ」精神の継承であり、正しき皇道政治を実践された詔だといへよう。

第五十四代　仁明天皇

農耕を勸め給ふの勅（謹抄・承和七年二月廿六日『續日本後紀』九）

國家《こくか》の隆泰《りゆうたい》は、その要民《えうたみ》を富《と》すに在《あ》り。倉廩《さうりん》の充實《じゆうじつ》は、良《まこと》に有年《いうねん》に由《よ》る。

（現代語訳）国家の発展と泰平とは、要するに民を富ますことである。民を裕福にするとは、穀物を稔らせることである。

勅では、「国家の隆盛の基本は民を富ますことであり、民を裕福にするため五穀を実らせることである。耕耘時期に従ひ農に励むと収穫が良く、時期を間違へると飢饉を招く恐れがある。農の基本として、時期気候をよく見極めて励まなければならない」と仰せられてゐる。また、「天変地異が発生するのは自然現象だけではなく、民が農事を怠つたことにも原因があることから、今後は怠ることなく農事に精励するやうに」とお諭しなされてゐる。稲穂は天祖より葦原中国が裕福になるやうに授けられた我が民族の生命を支へる源である。豊饒は国の安寧につながり、農を怠れば国の命運にかかはることからも、農の基本的なあり方を民に対して誡められた尊き勅であるといへよう。

伊豆の國震災優恤の詔（謹抄・承和八年七月五日『續日本後紀』十）

上玄《じやうげん》は私《わたくし》すること無《な》く、神功《しんこう》を運《はこ》びて濟《すくひ》を下《くだ》し、至人《しじん》は己《おのれ》を忘《わす》れ、聖徳《せいとく》を推《お》して仁《じん》を敷《し》く。

（現代語訳）神は公平で私することなく、功徳を垂れて民を救済し、聖人は我が身のことを忘れて、秀でた聖徳を推し及ぼして仁政を施す。

震災により被害が出た伊豆の国の民に対して、救済策を講じるやうに仰せられた詔である。災害などの被害により苦しむ民を御懸念あそばされて救恤策を命じられることは、御歴代天皇の詔勅に多く見受けられる。この詔で仰せられてゐる「聖徳を推して仁を敷く」、これこそが皇道政治の真髄ともいへ、民のことを第一に思ひあそばされてゐる御聖徳溢れる大御心が現はれた有難き御治政であるといへよう。

第五十五代　文徳天皇

疱瘡流行に依り恩赦賑恤し給ふの詔（謹抄・仁壽三年四月廿六日『文徳實録』五）

皇王《くわうわう》は極《きよく》を建《た》てて政《せい》を布《し》き、其《そ》の時《とき》に順《したが》ふを貴《たふと》び、聖哲《せいてつ》は規《き》を凝《こら》して風《ふう》を宣《の》べ、其《そ》の節《せつ》に膺《おう》ぜむと欲《ほつ》す。

（現代語訳）君主は皇道をたてて国を統治し、その時勢に適合することを重んじ、聖賢は規則を制定して民を教化し、時節に順応させようとする。

皇道精神に基づいた善政を敷き、民の安寧実現に向けた統治を行はうと日夜、政に勤しんできた。しかし、その真心は天に通じず、天の咎めを受けて国内に疱瘡が流行し、多くの死亡者をだしてゐることに深く大御心を悩まされてゐた。かうした民の惨状を救ふために救恤策を命じられたのである。常に民の安寧を願ふ慈しみ溢れる大御心の実践であるといへよう。

第五十六代　清和天皇

肥後の國雨害存恤の勅（謹抄・貞観十一年十月廿三日『三代實録』十六）

妖《わざはひ》は自《おのづか》ら作《おこ》らず、其《そ》の來《きた》るや由《ゆゑ》有《あ》り。靈譴《れいげん》は虚《むな》しからず。必《かなら》ず粃政《ひせい》に膺《おう》ず。

（現代語訳）災ひは偶然に起こるものではなく、その起こるべき理由がある。神々の咎めは無意義なものではなく、必ず悪政に伴ひ起こるものである。

「肥後の国が豪雨による河川氾濫で、甚大な被害を受け民が苦しんでをり、大宰府に命じて被害状況を調査させて、被災者には四千石の稲を支給し民が失業しないやうに計らふとともに、家屋の下敷きになつた死骸も速やかに取り出し埋葬するやうに」と命じられた勅である。勅の中で、災害が起こるのは善政を敷けない結果、天の咎めを受けたことだと御自戒あそばされてをり、災害により苦しむ民を救ふために徳政を行ふとの大御心を仰せられてゐる。常に民の安寧を祈り、善政を敷きたいと願はれる無私の皇道精神が顕現してゐる有難き御治政だといへよう。

第五十九代　宇多天皇

寛平御遺誡（謹抄・寛平九年七月）

萬事《ばんじ》に淫《いん》すること莫《なか》れ。躬《み》を責《せ》めて之《これ》を節《せつ》せよ。
賞罰《しやうばつ》を明《あき》らかにす可《べ》し。愛憎《あいぞう》に迷《まよ》ふこと莫《なか》れ。
意《い》を用《もち》ゐること平均《へいきん》にして、好惡《かうあく》に由《よ》ること莫《なか》れ。
能《よ》く喜怒《きど》を愼《つつし》みて、色《いろ》に形《あらは》すこと莫《なか》れ。

（現代語訳）何事に於ても溺れてはならない。我が身を責めて控へ目にせよ。
賞罰を公明正大にせよ。愛憎の心にとらはれてはならない。

常に冷静であるやう心を配り、好き嫌いにより行動してはいけない。
よく喜怒の心情を慎んで、顔色にあらはしてはいけない。

寛平御遺誡は、宇多天皇が敦仁親王（醍醐天皇）に譲位の際、幼い新帝に対して心得となるべきことを執筆されたもので、公事儀式、任官叙位、御作法、御学問など天皇として身につけるべきあらゆる御訓誡が記されてゐる。御歴代の精神を一貫して継承されてきた高尚なる聖徳の基本となるべき御教へが、つらつら諭されてゐる御遺誡だといへよう。

第六十二代　村上天皇

服御常膳を減じ普く恩赦を行ひ給ふの詔（謹抄・天暦十年七月廿三日『本朝文粋』二）

倹《けん》は徳《とく》の本《もと》なり。明王《めいわう》能《よ》く致《いた》す。恵《けい》は仁《じん》の源《みなもと》なり。聖主《せいしゆ》必《かなら》ず施《ほどこ》す。

（現代語訳）節約は道徳の基本となるもので、明君がよく実践されたことである。恩恵は仁愛の源泉となるもので、聖君主が必ず実施したことである。

詔の前段では明君のあるべき姿勢を諭されてをり、豊作に恵まれず国の非常事態に際して、馬の肥料として当分の間、穀物の使用を禁じ、冤罪の人を公明正大に審理して放免することや田租の三年間の免除などあらゆる方面での恩赦、徳政令を出すことは善政を施すことになり、それが天に通じて恩恵を受け、五穀豊穣の収穫をえることができるであらうとの大御心を天下に宣布するやう仰せられてゐる。

第六十六代　一條天皇

石清水八幡以下三十二社に奉幣疫癘を祈禳し給ふの宣命（**謹抄・正暦五年四月廿七日『本朝世紀』十三**）

夫《そ》れ人《ひと》は國《くに》の本《もと》なり。若《も》し人民《じんみん》無《な》くば、誰《たれ》に依《よ》りてか君《きみ》と稱《とな》へむと、古《いにしへ》の聖主賢王《せいしゆけんわう》も深《ふか》く愼《つつし》み懼《おそ》る所《ところ》なり。

（現代語訳）民は国家の基である。もし民がゐなければ、誰から君主と称へられようと、古の聖君主、賢王も深く慎み戒められたところである。

悪疫が全国各地に流行して甚大な被害が続出し、盗賊が京師や四方に蔓延り、諸殿舎への放火が相次ぐなど、物騒なことが続く世情で、多くの死者が出るなど、民の間では不安な心が増長されてゐた。このやうな疾疫などによる世の惨状に大御心を御憂念あそばされ、災厄を除去して民の安泰を願ひ、石清水八幡以下三十二社に幣帛を捧げて神々に御祈願あそばされた宣命である。その後、疾疫はますます猖獗を極めたため、五月二十日にも諸社に奉幣し給ふが、その折の宣命で「萬民病なく四海樂あり、風雨節に順ひ、農業意の如くに悦びあらしめ給へ」と宣せられてゐるやうに、疫病がなくなり五穀豊饒に恵まれる国と民の安寧した御代が再興するやう強く念じあそばされた大御心が顕現されてゐる。

また、一條天皇は「この極寒には天下の窮民の堪へざるものもあるであらう。朕、獨り多くを重ねるを忍びず」（『古事談』）と仰せのことからもわかるやうに、常々、大御心深くすべての民のことを第一に、御憂念あそばされた素晴らしき御聖徳を顕現なされてゐたのである。

第六十八代　後一條天皇

疱瘡流行に依り恩赦賑恤し給ふの詔（謹抄・寛仁四年四月廿二日『類聚符宣抄』三疱瘡）

通賢將聖《つうけんしやうせい》の道《みち》は、玄徳天《げんとくてん》を動《うご》かし、堯眉《げうび》舜目《しゆんもく》の治《ち》は、赤心物《せきしんもの》を加《くは》ふ。

（現代語訳）万事に通じた賢者や聖人の道は、深遠な徳が天も感動させ、古代支那の聖帝である堯や舜のやうな善政は、その真心によつて万物を化育する。

寛仁四年に疱瘡が各地に流行して、天皇まで悪疫を患はれてしまふ。このやうな状況を御懸念あそばされ、この詔を宣せられたのである。そして調、庸の免除と病気に苦しむ民の救恤を行ふやうに仰せられて、僧侶に五日間にわたり、読経させることで悪疫が治まるやうに御祈祷を実践あそばされた。この結果、御身の病気も無事に平癒されて、世の疫病の広がりも沈静化し、平穏な世に戻ることができた。まこと国安かれ民安かれの聖旨を御一心に、御祈願あそばされた大御心が神々に通じた結果であるといへよう。

第七十四代　鳥羽天皇

石清水八幡宮に奉幣して神人衆徒の濫行停止を祈り給ふの宣命（謹抄・天永四年四月十五日『石清水文書』田中家文書）

神威《しんゐ》は皇威《くわうゐ》に依《よ》りて威《ゐ》を施《ほどこ》し、神明《しんめい》は皇明《くわうめい》に引《ひ》かれて明《めい》を増《ま》す。神《かみ》自《おのづか》ら貴《たつと》からず、人《ひと》に依《よ》りて貴《たつと》し。教《をしへ》自《おのづか》ら弘《ひろ》まらず、人《ひと》に依《よ》りて弘《ひろ》まる。

（現代語訳）神威は皇室の御稜威によりてますます御威光を発揮し、神霊は天皇の明徳と関連していよいよ光明を増大するものである。神は独立の存在として尊いのではなく、これを尊敬する人を俟つて尊いのである。教へといふものは自ら弘まるのではなく、人によつて弘まつていくのである。

鳥羽天皇の御代、僧侶たちが勢力を伸ばし、勢を縦にした目にあまる横暴な行動が目立つた。特に比叡山延暦寺や興福寺などは、僧兵を擁して、仏法の教へに背くやうな寺院間の争ひごとを繰り返したり、京に入つては朝廷に嗷訴するなど世の不安要因を助長するやうな行動を行つてゐた。このやうな状況から京内が騒然となり、宸襟を悩まされたことから、伊勢大神宮を始め春日などの諸神社に幣帛を奉じて、僧徒間の争ひが沈静化するやう御祈願あそばされたときの宣命である。また当時の僧徒たちの権勢に溺れた横暴な実態も仰せになられてゐる。僧兵たちの暴走を阻止するため、源平諸氏の武士が活躍したことによつて、後に武士勢力が台頭していくことにつながつていくのであつた。

第七十六代　近衛天皇

飢饉につき諸社に奉幣し給ふの宣命（謹抄・仁平元年四月廿三日『本朝世紀』卅九）

國《くに》は民《たみ》を養《やしな》ふを以《もつ》て寶《たから》と爲《な》し、君《きみ》は仁《じん》を施《ほどこ》すを以《もつ》て本《もと》と爲《な》す。

（現代語訳）国家は民の生活を安定させることを要諦となし、君主は仁政を施すことを根本となす。

宣命の要点は、「一、国家は民の生活を安定させ、君主は仁政を施すことを基とする治政のあるべきことを教へてゐる。二、風水害の影響で飢饉が起こり、民が苦しんでゐる状況を御憂念あそばされてゐる。三、悪天候の影響がなく、農桑の生業が盛んになり、国と民が富み栄える安寧した世になるやう念願あそばされてゐる」であり、伊勢大神宮を始め、石清水、賀茂などの諸社に幣帛するやうに命じられた。保元の乱など混乱した世であれども、いつも民のことを忘れず愛撫し給ふ精神は、御歴代天皇が継承されてきた御慈愛の精神である。なほ近衛天皇は、飢饉などの災厄祈祷や五穀豊穣のため神々に幣帛あそばされた数多くの宣命(二十数詔)を宣せられてゐる。

鎌倉時代

第八十四代　順徳天皇

禁秘御抄（謹抄）

○賢所《かしこどころ》　凡《およ》そ禁中《きんちゆう》の作法《さほう》は、先《ま》づ神事《しんじ》、後《のち》に他事《たじ》とす。旦暮《たんぼ》敬神《けいしん》の叡慮《えいりよ》懈怠《げたい》無《な》し。白地《あからさま》にも神宮《しんぐう》幷《ならび》に内侍所《ないしどころ》を以《もつ》て、御跡《おんあと》と爲《な》さず。（謹略）

○佛事《ぶつじ》の次第《しだい》　天子《てんし》は、專《もつぱ》ら正法《しやうぼう》を以《もつ》て務《つとめ》と爲《な》す。是《こ》れ則《すなは》ち佛教《ぶつけう》の興隆《こうりゆう》なり。（謹略）

○諸藝能《しよげいのう》の事《こと》　第一《だいいち》に御學問《ごがくもん》なり。夫《そ》れ學《まな》ばざるときは、則《すなは》ち古道《こだう》に明《あきら》かならず。（謹略）而《しか》も政《まつりごと》を能《よ》くし太平《たいへい》を致《いた》す者《もの》、未《いま》だ之《これ》有《あ》らざるなり。貞観政要《ぢやうくわんせいよう》の明文《めいぶん》なり。

（現代語訳）○宮中の行事　祭事を第一とし、他の行事は後にする。朝夕神々を敬う心を怠ってはいけない。あからさまに神宮ならびに内侍所を後回しにしてはならない。

○仏事の順序　天皇は専ら仏教の正しい法を修めることを務めとすべきである。これこそが仏教を興隆させるのである。

○すべての学問、芸能のこと　学問を第一とするべきである。学ばなければ、古の道理を明らかにすることはできない。しかも善政を行ひ、太平を啓くことはできない。貞観政要で明らかである。

『禁秘御抄』は、順徳天皇が御自ら宮中における儀式・制度などについて詳しくお記しになられたものであり、謹解した以外にも神事の次第、草木、侍読を召すことなどについて著してをられる（三巻で構成されている）。以降、多くの有職故実の著書が記されていくことになる。特に、後醍醐天皇『建武年中行事』、北畠親房『職原抄』などが有名である。

第八十八代　後嵯峨天皇

直言を求め封事を上らしめ給ふの詔（謹抄・寛元三年四月廿五日『平戸記』寛元三年の條）

朕《ちん》聞《き》く、人自《ひとみづか》ら照《て》らさむと欲《ほつ》すれば、必《かなら》ず明鏡《めいきやう》に須《ま》つ、主過《しゆあやまち》を知《し》らむと欲《ほつ》すれば、必《かなら》ず忠信《ちゆうしん》に藉《よ》る。（謹略）**其《そ》の君《きみ》、諫《いさめ》に随《したが》へば聖《せい》なり。其《そ》の臣《しん》、諂《へつら》ふこと無《な》ければ直《ちよく》なり。社稷《しやしよく》茲《これ》に因《よ》りて安全《あんぜん》に、寰海《くわんかい》茲《これ》に因《よ》りて静謐《せいひつ》なりと。**

（現代語訳）聞くところによると、人が自らの姿をうつさうと思へば、ぜひとも曇りのない鏡が必要である。君が自分の過誤を知らうと思へば、必ず真心で偽りのない臣が必要である。（謹略）君にして、諫に随へば聖君主である。臣にして、諂ふことがなければ忠直の臣である。国家はこれにより安全に、天下はこれにより泰平である。

詔では、「支那の古を振り返り、堯・舜など歴代王朝の君主と稷・契など賢臣との関係は、善き諫言により上手く統治されたことで、国家が安寧に治まつた」と仰せになられてゐる。また、「まつりごとを行ふも天変地異があり、うまく天下が治まらない。善政を行ひ国と民に利益を施すためにも、臣の諫言が必要であり、広く参議以上の臣に封事（密封して奏上する意見書のこと）を申し述べるやうに」と仰せになられてゐる。天皇の大御心を拝受してまつりごとを補佐するのが臣下の務めであり、君民共治の我が国柄である。良き臣下の意見を採用すれば良きまつりごとが行へ、国と民に利益があることからも、賢臣の諫言を重要視される大御心が拝察できるのである。

第九十代　亀山天皇

百官儒士に封事を上らしめ廣く善言を求め給ふの詔（謹抄・文永十年四月廿三日『吉續記』）

帝道《ていだう》を行《おこな》ふときは則《すなは》ち帝《てい》たり。王道《わうだう》を行《おこな》ふときは則《すなは》ち王《わう》たり。（謹略）**凡《およ》そ號令《がうれい》の時《とき》に便《べん》ならざるものは、言《い》ひて諱《い》むこと無《な》く、政化《せいくわ》の國《くに》に益有《えきあ》るものは、犯《をか》して隠《かく》すこと莫《なか》れ。**

（現代語訳）皇道を行ふときは、それは帝であり、王道を行うときは、それは王である。（謹略）命令が時代に適応しないものであれば、遠慮なくその所信を吐露し、政治教化について国家を益するものがあれば、遠慮しないで意見を申し述べるやうに。

善きまつりごとを行ふため、臣下の意見に耳を傾け、時代に順応した策であれば積極的に採用することが、御歴代連綿と継承されてきた皇道政治の基本要諦なのである。そこで公卿・大夫などの高級役人に良き献策があれば、封事で建言するやうに命じられた詔である。

亀山天皇が皇位をお譲りになられ上皇となられた時に、国史上最大の国難の一つである元寇があつた。元の脅威が迫るに及び亀山上皇は、伊勢大神宮に「敵国降伏」を祈願なされるために勅使を派遣なされた。文永、弘安年間、二度にわたり元の大軍が日本に侵略してきたが、時の鎌倉幕府第八代執権・北条時宗を先頭に、各地の武士たちが九州にて激戦を繰り広げる最中、亀山上皇が敵国より皇国を御守護賜るやう祈願なされたことが神々に通じ、天佑神助といふべき神風が吹き、見事、元軍を撃退して皇国の危機を守つたことは、歴史に燦然と輝く快事であつた。

第九十二代　伏見天皇

大神宮に國難の平定を祈禳し給ふの宣命（謹抄・正應六年七月八日『公卿勅使御參宮次第』）

廢《すたれたる》をも興《おこ》し絶《たえたる》をも繼《つ》ぎて、風《ふう》を移《うつ》し俗《ぞく》を易《か》へて、祖宗《そそう》の道《みち》を道《みち》とし、帝王《ていわう》の德《とく》を德《とく》として、政令《せいれい》を守《まも》り行《おこな》ふ可《べ》き（謹略）形兆未《けいてういま》だ見《あらは》れざるに災孽《さいげつ》を攘《はら》ひ、兵戈未《へいくわいま》だ起《おこ》らざるに逆亂《ぎやくらん》を撥《をさ》め給《たま》ひて（謹略）

（現代語訳）廃絶してゐたものを再興し、中絶してゐたものを継承して、弊風を変へて俗習を改め、皇祖皇宗の定められた道をわが道理とし、古の帝王が備へられた徳をわが修めるべき徳として、政令を順守していくやうにする。（謹略）兆候が未だ現れてゐない前に、その禍根を払ひ去り、未だ戦争が起こらない前に、その反乱を防ぎ止めるやうに。（謹略）

文永、弘安年間二度にわたり、元が日本に侵略してきた（元寇）。国民が一丸となり奮戦するとともに、神風が吹き、迫り来る元の大軍を見事撃退した。しかし、元は執念深くも復讐の機会をうかがつてをり、依然として国難の余波が続く中、三度目の来襲に備へて海防に万全を期してゐた。

「異國恣に牒書を送りて……」正応五年、元、高麗の使者が来日し、強く修好を求めてきた。もし聞き入れない場合は、武力を用ゐて侵攻する旨を告げてきた危機迫る当時の状況を、宣命の中で仰せになられてゐる。幕府は朝廷に状況を奏上し、国書を退けて高麗の使者を帰らせる措置を採り、毅然とした態度を示したのであつた。

続いて「天變屢呈れ、地妖頻に示す……」とあり、国内では天変地異の影響で民が苦しむ状況が続いてゐることに深く御懸念あそばされる大御心も仰せられてゐる。このやうな国内外の厳しい状況を打開するために、正応六年、この宣命を伊勢大神宮に奉幣あそばされた。

常に「国安かれ民安かれ」安寧した世を願ひあそばされる大御心の顕現であるといへよう。

第九十五代　花園天皇（上皇）

誡太子御書（謹抄・元徳二年二月『伏見宮家御所蔵』）

天蒸民《てんじようみん》を生《しやう》じ、之《これ》が君《きみ》を樹《た》てて司牧《しぼく》すと。人物《じんぶつ》を利《り》する所以《ゆゑん》なり。（謹略）聖主位《せいしゆくらゐ》に在《あ》らば、則《すなは》ち無爲《むゐ》に歸《き》す可《べ》し。賢主國《けんしゆくに》に當《あた》らば、則《すなは》ち亂無《らんな》し。（謹略）内《うち》に哲明《てつめい》の叡聡《えいそう》有《あ》り、外《そと》に通方《つうはう》の神策《しんさく》有《あ》るに非《あら》ずむば、則《すなは》ち亂國《らんこく》に立《た》つを得《え》ず。

（現代語訳）天が万民を育生し、それに君主を立てて統治させる。これは万民に福利を与へようとするためである。（謹略）聖なる君主が君臨してゐるならば、無事に天下は治まるであらう。賢君が国を統治されるならば、動乱が起こることはないであらう。（謹略）内には聡明で哲理に通じる思慮があり、外に対しては行ふべき名策を持つてゐなければ、混乱の世の中を統治することができない。

天皇の宸筆による『誡太子御書』は元徳二年二月に量仁親王（後の光厳天皇）へ贈られたものである。『誡太子御書』は全文が漢文（千五百文字）で、古今に通じるといふべき尊い御教へなどが縷々記された殊玉の御書であるといへよう。御書の中からピックアップして謹解していく。

「天蒸民を生じ……」と、前記の謹解で記したやうに「天が万民を育生して、それに君主を立てて統治させるのである。これは万民に福利を与へようとするためである」と仰せになられてゐる。一言でまとめると、君主の統治の意義は民の安寧のためといへよう。これこそ我が皇国のまつりごとの基本思想であり、御歴代聖旨の中に一貫して流れてきた畏くも尊き天皇御統治の本質なのである。

「思ひて學び、學びて思ひ、經書に精進し、日に吾が躬を省みれば、則ち相似るところ有らむ」。現代語で謹解すれば「思索して研学し、研学して思索し、賢哲の書に精通し、日々自己反省をすれば、学問の本質を得ることであらう」と仰せになられてゐる。国史を振り返ってみても、儒教、仏教、道教など様々な学問、思想が流入してきた。そのたびに賢哲の先人が、日本思想を主軸として日本に特化した民族オリジナルの思想、学問として大成してきたことは歴史的事実である。今後どのやうな外来思想、学問が流入してくるかわからないが、記紀万葉の神典を始め日本の古典に学び、民族思想、精神を基軸に据ゑて対峙して止揚し、我が民族の発展に貢献するやうにしていくことが、教学の本質の一端だと思ふ。

「一日屈を受くるも、百年榮を保たば、尚忍ぶ可《べ》し」。現代語で謹解すれば「一時的な屈辱を受けても、将来的に栄誉を保つことを得るならば、その屈辱を我慢することができる」と仰せになられてゐる。この御言葉を近現代史に適用してみると、例へば幕末（安政年間）に締結された屈辱の不平等条約を改正し得たこと、また、欧米列強による亜細亜支配を打ち破り、諸国の独立に寄与した輝かしき数々の戦前の歴史は、日清戦争後の三国干渉を始めとする度重なる欧米列強による外圧に対して、臥薪嘗胆、耐へ忍び苦難を乗り越えて大いに国威を発揚し国運を隆昌せしめた成果ではないかと考へる。西洋列強による亜細亜支配を打ち破り亜細亜解放のために立ち上がることが大東亜戦争の大義であつた。しかし、戦後七十年が経過しても戦後の占領政策の体制より脱却できず、民族弱体化の進行が深まるばかりだ。自主憲法制定（憲法改正）など、克服しなければならない戦後の諸課題を解決する機会は少なからずあつたはず。しかし、残念ながら数々の好機を逃してきたのが戦後史の実態である。真の日本を再興し、民族の輝かしき精神を恢復するため、いつまでも屈辱に甘んじるわけにはいかない。保守化の時代が到来しつつある今日、民族が立ち上がり、敗戦コンプレックスを払拭し、戦後体制を脱却する最後の時期ではないだらうか。時代を超えて今を生きる私たちに問ひかけてくる御言葉であると思ふ。

取り上げることができなかつたが、御書の中で、時勢の推移や動乱の発生を予言されてゐる項があり、洞察力の鋭い天皇であられたこともわかる。総体的な構成として、統治の要諦を説き、時局の匡救を語り、学問に精励して、徳を積み修養すべきことなど多くの御教へを諭された尊き御書であるといへよう。

吉野時代

第九十六代　後醍醐天皇

神器の與奪を許さざるの詔（謹抄・元弘元年十月二日『大日本史』本紀六十八）

神器《しんき》は歴朝《れきてう》相承《あひう》け、親《みづか》ら受授《じゆじゆ》する所《ところ》にして、時《とき》に或《あるひ》は亂臣《らんしん》ありと雖《いへど》も、未《いま》だ恣《ほしいまま》に相與《あひよ》奪《だつ》したることを聞《き》かず。

（現代語訳）三種の神器は歴代の朝廷が継承し、天皇御自ら授受されるものである。時に不忠の臣もゐたが、勝手にこれを授受し奪取したといふことをいまだ聞いたことがない。

鎌倉幕府十四代執権・北条高時が北朝の新帝（光厳院）の擁立を謀り、後醍醐天皇に三種の神器を譲渡するやう懇請したのに対して、毅然とした態度で拒否なされた詔である。

後嵯峨天皇の退位後、寛元四年に皇位継承を巡り、大覚寺統（南朝）と持明院統（北朝）が対立した。このやうな状況を収めるために鎌倉幕府が仲介して、両統が交代で皇位を継承するやうに取り計らつたのであつた。

「神器は歴朝相承……」と仰せのやうに、三種の神器は天孫降臨に際して、天照大神が瓊瓊杵尊に親授されて以降、現代にいたるまで皇位継承の御印であるとともに天皇御統治の生命的根源ともいへる大事な御宝である。

「時に或は亂臣ありと雖も……」と仰せのやうに、過去に乱臣がゐたと雖も、三種の神器を奪はうとしたことなど聞いたことがない。我が君民一体の国柄から見て、神器の与奪などあつてはならないことは常識的な話である。天皇を隠岐に流し奉り、新帝を擁立するため三種の神器を譲渡するやう迫るなど北条高時の行為は言語道断であり、不忠の極みであり、臣下の執るべき行為ではない。

皇位継承の御印であり、御歴代が連綿と継承してきた三種の神器を、悪逆なる臣下のあるまじき横暴から毅然とした態度で守り通された天皇の強い御意志が現れた詔だといへよう。

室町時代

第百五代　後奈良天皇

般若心經を書寫して疾疫の終熄を祈り給ふの御願文（宸筆般若心經御奥書）

（謹抄・天文九年六月十七日『三寶院文書』『國史資料集』三上）

今茲《このごろ》天下《てんか》大《おほ》いに疫《えやみ》あり、萬民《ばんみん》阽《あやう》く死亡《しばう》せむとするもの多《おほ》しと。朕民《ちんたみ》の父母《ふぼ》たり。徳《とく》、覆《おほ》ふこと能《あた》はず。甚《はなは》だ自《みづか》ら痛《いた》む。

（現代語訳）今年、全国で大いに疫病が流行して、多くの民が死の危機に晒されてゐる。私は民の父母として、徳を及ぼすことができず、甚だ心が痛むのである。

天文八年に全国各地で洪水が多発し、天候不順の影響で甚だしい凶作に見舞はれた。翌年も同じく飢饉が発生して疫病が流行り、京内において毎日六十人余の屍を棄てるといふ、民にとり痛ましい惨状が続いてゐた。このやうな災厄を除き、民の生活が安定するやう般若心経を書写し御祈祷せしめられた時の御願文である。民に災厄がある時、般若心経を書写して国と民の安寧した世を願ひ御祈祷されたことは、嵯峨天皇、後深草天皇、後嵯峨上皇、後柏原天皇などの御歴代天皇の中でも同じやうな御事績があつた。いつも「民の父母として」の大御心を実践なされてきたことは、御歴代天皇に一貫して流れるまつりごとの基本精神である。

卽位大嘗會を行ふこと能はざるを大神宮に謝し給ふ宸筆宣命案（**謹抄・天文十四年八月廿八日『宸翰集』**）

大嘗會《だいじやうゑ》悠紀《ゆき》・主紀《すき》の神殿《しんでん》に、自《みづか》ら神供《しんく》を備《そな》ふること、其《そ》の節《せつ》を遂《と》げず。敢《あへ》て怠《おこた》るにあらず。國《くに》の力《ちから》の衰微《すゐび》を思《おも》ふ故《ゆゑ》なり。

（現代語訳）大嘗会悠紀・主紀の神殿に、神供を備へること、その節を遂げることができない。これは敢へて怠つたわけではない。国力の衰微に憂念してゐるからである。

「寶位今に二十年、未だ心中の所願を満さず」と仰せられてゐるが、即位されてから二十年にもなるのに、未だ大嘗祭を執り行ふことができないことを御憂念あそばされてゐる御無念の大御心が伝はつてくる。御即位後、天文四年に大内義隆が二十万疋を献上したことから、践祚十年目にしてやうやく御即位の大礼を執り行ふことができた。しかし費用が足りず、祭祀の中で一番大事な大嘗祭を執り行ふことができずにゐたことは、まことに悲痛の思ひで御宸襟を悩まされてゐたと拝察する。

「大嘗會（略）其の節を遂げず。敢て怠れるにあらず」。けつして祭祀を怠つてゐるわけではなく、応仁の乱以降、臣下（幕府や諸侯）からの献上金が少なくなり皇室財政が衰微し、祭祀の費用が上がらない苦しい状況から、志を遂げることができないと御懸念あそばされてゐる御無念の大御心を拝察するのである。

宣命の中で、「公道行はれず、賢聖有徳の人無く、下克上の心盛にして、暴悪の凶族所を得たり」と、天下は正しいまつりごとが行はれず、諸侯の横暴な振る舞ひが横溢して下剋上の乱れた世となつたことを仰せられ、速やかに乱れた世が治まり、民が安泰であるやうに御祈念あそばされてゐる。どのやうな境遇にあらうとも、常に民のことを第一に思ひあそばされてゐる尊き大御心こそがまつりごとの基本精神といへるのである。

江戸時代

第百八代　後水尾天皇

帝位に關する宸翰御教訓書（謹抄・『宸翰集』）

何事《なにごと》も過《すぎ》たるは、をよばざる道理《だうり》ある事《こと》にて候《さふら》へども、いかりは深《ふか》く成《なり》やすく、慈悲《じひ》はすぎ候《さふらふ》やうには成《なり》がたく候故《さふらふゆゑ》、其分別肝要《そのふんべつかんえう》に候《さふらふ》。（謹略）敬神《けいしん》は第一《だいいち》にあそばし候事《さふらふこと》に候條《さふらふでう》、努々《ゆめゆめ》をろそかなるまじく候《さふらふ》。（謹略）捴《そう》じて上《かみ》を敬《うやま》ひ、下《しも》を憐《あはれ》み、非道《ひだう》なき志《こころざし》ある者《もの》に、佛神《ぶつじん》を信《しん》ぜざる者《もの》はなき道理《だうり》にて候《さふら》へば、信心《しんじん》なる者《もの》は、志《こころざし》邪路《じやろ》ならざるとしろしめさるべく候《さふらふ》。（謹略）

（現代語訳）何事も度が過ぎるのは足らないのと同じく、完全なものではないわけであるが、忿怒は度を過しやすく、慈悲は度が過ぎるやうにはなり難いものだから、この間の消息を弁へて考慮することが大事である。（謹略）神を敬ふことを第一となされること、きつと等閑にしないやうになされよ。（謹略）総じて上を尊敬し、下を愛撫し、道に悖らないやう心掛けてゐる者に、神仏を信仰しない者はないわけであるから、神仏を信仰することは、精神を横道に逸らさないものであると考へて然るべきである。（謹略）

この宸翰は、どの御方に宛てられた書なのかは不明のやうだが、おそらく皇子の後光明天皇に賜つたものではないだらうかといはれてゐる。

御教訓書では、「一、禁中は敬神が第一であり、先に神事、後に他事と何事も正しい道を守るべきこと。一、禁秘抄に書かれてゐるやうに、和歌を第一に大御心をかけられ稽古に精励するやうに。一、天変地異が起こり、民が苦しむことがあれば、諸道勘文を奉り謹むこと」など十一箇條で構成され、末尾に「本が乱れては末が治まることがない。本を正して御身を治めるやう」に諭されてをられる。君主としての心得をわかりやすく御教へなされた御教訓書であるといへよう。

第百十代　後光明天皇

明正天皇に太上天皇の尊號を上り給ふの詔（謹抄・寛永廿年十月十二日『後光明帝御即位記』）

古《いにしへ》に法《のつと》りて新《あたらしき》を行《おこな》ひ、道《みち》に遵《したが》ひて義《ぎ》を顕《あらは》す。

（現代語訳）古の制に準拠し、かつ現在に適応するやうにして、道理を遵守し人の守るべき條理を明らかにする。

寛永二十年十月に後光明天皇が、先帝明正天皇にたいして太上天皇の尊号を奉つたときの詔である。詔の中で、先帝（明正天皇）の質素で真面目な御性質で慈しみ深き恵みを布き給はれたことを仰せになられてゐる。また「古に法りて新を行ひ……」と仰せになられてゐる。これは、皇祖より連綿と伝はる天皇御統治の制を守り、時代に応じたまつりごとを執り行ふやうにとの意義であり、神武建国の橿原遷都の詔「夫れ大人の制を立つる。義必ず時に随ふ。苟も民に利あらば、何ぞ聖造に妨はむ」の継承である。この御言葉は、天皇御統治の本質を顕してゐるとともに、御歴代列聖は「民の父母として」「国安かれ民安かれ」の御治政を行はれてきたことからも、西洋や支那の君主、元首の本質とは異なる。このやうに連綿と継承されてきた皇道原理を守り伝へてきたことが、世界最古の皇室が続いてきた歴史的成果なのだといへる。詔の中で天皇御統治の本質を簡単明瞭に仰せになられてゐることが、その聖旨継承の証なのだといへよう。

第百十五代　桜町天皇

太上天皇の尊號を辭し給ふの宸翰御辭表（謹抄・延享四年七月廿九日『宸翰集』）

所謂《いはゆる》儉《けん》を守《まも》るは德《とく》の本《もと》なり。命《めい》に從《したが》ふは孝《かう》の至《いたり》なり。

（現代語訳）倹約を守り質素にすることは道徳の根本である。親の命を遵守することは孝行の極意である。

宸翰の中で、「敢て太上の尊名を享けて、封戸の公費を致す可けむや。嘗て民間の労苦を憐む。況や貢賦の俸料に於てをや」と仰せられ、封戸や貢賦の負担は、民の支へにより成り立つものであることから、日常の民の労苦に対して憐れんでをられる。そして「所謂倹を守るは徳の本なり」と倹約を守り質素に心がけることが道徳の基本的要素であると仰せられてゐる。質素倹約の徳目は、御歴代天皇がまつりごとの要諦として実践なされてきてをり、仁徳天皇の「民のかまど」の御治政が真つ先に思ひ浮かぶ。最後の項で「封戸、随身、兵杖等の給を休めて、懇懐を遂げしめよ」とできるだけ民の負担を軽くしたいとの慈しみ深き大御心を仰せられてゐるのである。

第百十九代　光格天皇

後櫻町上皇の御教訓に御答の宸翰御消息（謹抄・寛政十一年七月二十八日『京都御所東山御文庫御物』）

仰之通、身の欲《よく》なく、天下萬民をのみ、慈悲仁恵《じひじんけい》に存候事、人君なる者の第一のをしへ、論語《ろんご》はじめ、あらゆる書物に、皆々此道理《だうり》を書《かき》のべ候事

（現代語訳）仰せの通りで、身の欲得がなく、天下の国民に、慈悲深く仁と恵を施すことが、君主たるものの一番大事な教訓であり、論語を始めあらゆる書物に、その道理と理論が書かれてゐるのだ。

この宸翰は光格天皇から後櫻町上皇へ贈られた書である。人君たるものは、仁徳を第一とし、慈悲仁恵を施すことを主としなければならないことを仰せられた節は、天皇御統治の本質、民の安寧を実現するまつりごとの基本精神を明示してをられる（「論語をはじめとするあらゆる書物」と仰せになられてゐるが、あくまでも皇道精神が中心であることはいふまでもない）。

宸翰の最後の項では、「今朝も拜の時、又内侍所にても、誠心に祈り申候事にて候」と朝の祭祀に誠心で祈られ、民のために雨が降るやうに日々願はれてゐることが記されてをり、天皇の仁慈深き大御心を拝することができる。総体的に敬神・正直・仁恵を第一とした心構へなど縷々記された宸翰文書である。

第百二十代　仁孝天皇

学習所創立の遺詔（年月不詳『大日本史』）

聖人《せいじん》の至道《しどう》を履《ふ》み、皇國《くわうこく》の懿風《いふう》を崇《たふと》ぶ。聖經《せいけい》を讀《よ》まずむば、何《なに》を以《もつ》てか身《み》を修《をさ》めむ。國《こく》典《てん》に通《つう》ぜずむば、何《なに》を以《もつ》てか正《せい》を養《やしな》はむ。

（現代語訳）聖人の善道を履み行ひ、皇国に伝はる良き風習を崇め尊ぶ。聖典を読まなければ、どうして我が身を修養することができよう。我が国典に通じなければ、どうして正義の心を養ふことができよう。

光格天皇の御遺旨に遵ひ公家等の教育を目的として京都開明門院の跡地に学習所が創立されてをり、弘化二年に学習院と改名されて現在（京都から東京に移転してゐる）にいたつた経緯がある。

先賢の遺した善き道を実践して、古来より伝はる善美な風習を極めるため、我が国の古典に精通することで正しい日本人としての心身を修養するやう仰せになられてゐる。学習所創立の基本指針として、記紀万葉を始めとした多くの古典から学び、我が国の歴史・伝統・文化の根源を知り、民族精神・道義的精神を高め、善き日本人として修養することの重要性を掲げられた大御心だと拝察するのである。

第百二十一代　孝明天皇

石清水臨時祭に奉幣し國難の攘除を祈り給ふの宣命（謹抄・弘化四年四月廿五日『孝明天皇紀』）

此《こ》の状《さま》を平《たひら》けく安《やすら》けく聞食《きこしめ》して、再《ふたた》び來《きた》るとも、飛廉風《ひれんかぜ》を起《おこ》し、陽候浪《やうこうなみ》を揚《あ》げて、速《すみや》かに吹《ふ》き放《はな》ち、追《お》ひ退《しりぞ》け攘《はら》ひ給《たま》ひ除《のぞ》き給《たま》ひ、四海《よものうみ》 異《わざはひ》 無《な》く天下《あめのした》静謐《おだひ》に、寶祚《あまつひつぎ》長《なが》く久《ひさ》しく、黎 民《おほみたから》快樂《けらく》に護《まも》り幸《さきは》ひ給《たま》ひ恤《めぐ》み助《たす》け給《たま》へと（謹略）

（現代語訳）この状況を平らかに安らかにお聞き入れ下され、再度異国船が来ても、風の神は風を起こし、海神は浪をあげて、早く吹き放ち、追ひ払ひ、国中が静かに治まつて、天皇の御位が永久に栄え、多くの民が楽しみ喜んで生活ができるやうに御加護下さり、あはれみ助け給へと（謹略）

弘化四年、国難打開を祈禳するため石清水八幡宮に奉幣したときの宣命である。宣命では「近年頻りに交易を目的とした異国船が浦賀沖に来てゐる。国同士の信頼関係が構築されてゐなければ簡単に交易するべきではない。もし交易を認めれば国体に悪しき影響を与へることから、交易を認めず衣食などの必需品を与へて還らせた。肥前国では、暴利を貪らふとする商人または隙があれば攻撃しようと構へてゐる賊徒による悪影響を受けてゐることで昼夜に渡り大御心を悩ましてゐるのである」と、異国船の影響による不安な世情を仰せになられてをり、このやうな悪しき状況を打ち払ひ「国安かれ民安かれ」の安寧した御代に治まるやう神仏の御加護を賜るやう申し上げられてゐる。

嘉永改元の詔（謹抄・嘉永元年二月廿八日『孝明天皇紀』）

敢《あへ》て列聖《れつせい》の訓《をしへ》に遵《したが》ひ、偏《ひとへ》に良弼《りやうひつ》の力《ちから》に頼《よ》り、以《もつ》て徳義《とくぎ》の政《まつりごと》を施《ほどこ》し、彌《いよいよ》治理《ちり》の風《ふう》を致《いた》さむとす。

（現代語訳）ひたすら御歴代天皇の教訓に従ひ、ひとへに良臣の輔弼により、道徳に基づく政治を施し、ますます国家が泰平になるやうにしたいと念願してゐる。

元号を弘化から嘉永に改元したことを仰せになられた詔である。詔では「支那では漢の武帝の時代に年号を定めたのが初めてである。以降、君主は民を教化するために年号を改めた」と、支那の年号改正の例を引き合ひに出されて「御歴代列聖の教へを遵奉し、官の補佐を受けて民に徳を及ぼすまつりごとを行ひ、国を統治していくやうにしたい」と御歴代天皇の御教へを守り、君民共治のまつりごとを行ふことで安寧した御代を構築していきたい聖旨を仰せなされ、元号を改元して新しい教化を施すやうにとの大御心を宣せられてゐる。

孝明天皇の御代では、六度の改元（嘉永、安政、万延、文久、元治、慶応）を仰せだされてゐる。国史を回顧してみて、瑞兆が現れて世に善いことがあつたときや天変地異が発生して世情が不安定になつたときなどの世情に鑑みて元号を改元されてきた数多くの御事績があつた。

神嘗祭に外患調伏を祈り給ふの宣命（謹抄・嘉永六年九月十一日『大日本古文書』幕末外交

關係文書）

近年《きんねん》奈何《いか》にや、夷船《えびすのふね》の東海《とうかい》に渡《わた》り來《きた》りぬ。既去《いに》し六月《みなづき》、相模國浦賀《さがみのくにうらが》に來《きた》りしが、廣《ひろ》き御恤《おんめぐ》みの驗《しるし》にやは、彼忽《かれたちま》ち罷《まか》りぬれど、又八月《またはづき》に、西海《さいかい》に來《きた》り着《つ》きぬとなむ聞食《きこしめ》す。是《か》くの如《ごと》き事《こと》の屢《しばしば》有《あ》りぬれば、諸國《しょこく》の諸人《しょにん》の心《こころ》をも、奈何《いか》にやはと、日《ひ》となく夜《よ》となく恐《おそ》れ給《たま》ひ危《あやぶ》み給《たま》ふ。

（現代語訳）近年どうしたことか、異国の船が東海に渡つてきた。去る六月、相模の浦賀に来たが、有難い恵のしるしにより、たちまち去つてしまつたのに、また八月になり、西海に来て着いたと聞いたし、かうしたことが、度々起こると、国民の心も動揺するであらうと、一日中、不安に思ふ。

神嘗祭で迫りくる欧米諸国からの国難打開を祈禳するため、伊勢神宮に奉幣されたときの宣命である。謹んで宣命を要約すると「近年以来、度重なる異国船の出現で、国民の心が不安になり動揺してゐる。災禍が来ないうちに攘ひ除かれて、天下泰平に国体が安定するやう御加護下さるやうに」と仰せられてゐる。幕府は「鎖国が国法であり通商を禁じてゐる」といふ理由で、米国東印度艦隊司令長官ペリーからの国書受理を拒否してゐた。しかし結局、ペリーの強要に屈した形で受理してしまふ。また、露西亜の海軍中将プチャーチンも長崎港に来港して通商を迫つてきてゐた。このやうな度重なる外国の強引な通商交渉が続く悪状況の中で、深く宸襟を悩まされてゐた天皇は、国難打開のため御祈禳あそばされたのである。

安政改元並に恩赦賑恤の詔（謹抄・安政元年十一月廿七日『孝明天皇紀』）

其《そ》れ嘉永七年《かえいしちねん》を改《あらた》めて安政元年《あんせいぐわんねん》と為《な》し、天下《てんか》に大赦《たいしや》せよ。

（現代語訳）嘉永七年を改元して安政元年とし、天下に大赦をするやうにせよ。

嘉永七年に安政へと元号を改元し、天下に大赦するやう仰せなされたときの詔である。詔の中で、改元の理由として、米国、露国など欧米諸国による強引な通商要求の問題や、近畿地方で地震が起こり今なほ終息しない不安定な状態が続いてゐることを仰せになられてゐる。国内外で深刻な状態に見舞はれてをり、民が苦しんでゐる現状を打開して「国安かれ民安かれ」の安定した御代になるやう改元にかける強い大御心が顕現されてゐる。

賀茂例祭に外患を祈禳し給へる宣命（謹抄・安政五年四月十六日『大日本古文書』幕末外交關係文書）

其《そ》の應接《おうせつ》を聞食《きこしめ》すに、事《じ》情《じやう》甚《はなは》だ驕慢《けうまん》にして、禮《れい》も無《な》く厭《あ》くことも無《な》し。寔《まこと》に皇國《くわうこく》の大《たい》患《くわん》、天下《てんか》の深憂《しんいう》にして、安危《あんき》の間《あひだ》、治亂《ちらん》の本《もと》なれば、恕《ゆるが》せにす可《べ》からざる時《とき》なり。此《か》くの如《ごと》く國體《こくたい》にも拘《かかは》りなむとする危難《きなん》の到《いた》ることは、朕《あれ》菲徳《ひとく》に依《よ》りて致《いた》す所《ところ》か、敬神《けいしん》の淺《あさ》

きが致《いた》す所《ところ》かと、寤《さ》めても寐《い》ねても危《あやぶ》み給《たま》ひ懼《おそ》り給《たま》ひ、仰《あふ》いで祖宗《そそう》の道《みち》を念《おも》ひ、俯《ふ》して億兆《おくてう》の情《こころ》を察《さつ》し、朝《あした》に群臣《ぐんしん》と議《はか》り、夕《ゆふべ》に叡慮《えいりよ》を凝《こ》らしめ給《たま》ふ。

（現代語訳）その応対の態度を聞いてゐると、すべての事柄が甚だ傲慢であり、無礼であり、この上もなく不埒である。まことに皇国の大いなる災難であり、天下のために深く心配すべきことであり、安危のわかれるところ、治乱の原因ともなるから、軽々しいことをしてはいけない時である。このやうな国体に関はる危機が生じたことは、私の徳が薄いためであらうか、神を敬ふ心が浅いためであらうかと、寝ても覚めても不安に思し召され、仰いでは御先祖である天皇の道を考へになり、俯しては万民の心をお察しになり、朝には群臣と論議され、夕には御心を悩ませられてゐる。

安政五年に賀茂社例祭において外患を御祈禳されたときの宣命である。

宣命では「欧米諸国が通商を求めて押し寄せてきてゐる中、米国は修好を結んで港を開き商館を建てたいと要求してゐる。その交渉態度は傲慢かつ無礼である。皇国の危機であり、騒乱が起こらぬやう慎重にならなければならない」と強硬に通商を結ぶやう迫る米国による外患が一刻も早く去り、平穏無事な皇国本来の君民和楽の安寧した御代になるやう御憂念あそばされてゐる。

石清水八幡宮に奉幣して外患を祈禳し給ふの宣命（謹抄・安政五年六月廿三日『石清水八幡宮文書』）

人民《じんみん》をして、心志《こころざし》を同《おな》じうし、忠誠《ちゆうせい》を盡《つく》して、國體《こくたい》を損《そこな》ふこと無《な》からしめ、夷賊《いぞく》をして、神威《しんゐ》を懼《おそ》れみ、皇徳《くわうとく》に服《ふく》して、兵革《へいかく》を起《おこ》すこと無《な》からしめ賜《たま》ひて（謹略）

（現代語訳）国民をして、その心を一つにし、忠誠を尽して、我が国体を損ふことがないやうにし、外夷をして、神の威光をおそれ、天皇の御徳に服して、戦争を起こすことがないようになさつて（謹略）

通商を求めて迫りくる欧米諸国による外患を攘ひ、安寧した世が訪れるやう、数多くの宣命を伊勢神宮、石清水八幡宮、賀茂社などへ奉幣されてゐる。そのうちの一つで、安政五年六月廿三日、石清水八幡宮で外患を祈禳するため奉幣されたときの宣命である。

宣命で「米国が和親を願ひ開港を求めてきてゐる。態度が傲慢にて皇国を侮り、我が国の富を奪はうとしてゐる。ややもすれば軍艦を出す勢ひである」と、米国による一方的な通商交渉の実態を仰せられてゐる。嘉永七年、ペリーが浦賀に再来し開港を要求、同年三月三日には幕府が日米和親条約を結んでしまつた。これにより函館と下田を開港した。安政四年には米国総領事のハリスが来日して国書を提示、老中堀田正睦に対して通商条約締結を要求。安政五年に幕府は朝廷の勅許を得ずに要求を受け入れて、神奈川、兵庫、長崎など五港の開港、領事裁判権の承認など日本に不利な不平等条約を締結してしまふ。勅許を待たずに条約を調印したことは国体の掟に背く許しがたい行為であり、幕府に対して反発が起こる。このやうな情勢に対して、大老井伊直弼が勤皇の志士たちを安政の大獄で弾圧したが、安政七年三月三日、桜田十八烈士により桜田門外で暗殺された。このことによつて、幕府の権威は大きく失墜した。文久年間には天忠組、生野の義挙などの討幕運動が活発になり、維新へ向けた胎動が動き始めていく。

また、宣命の中で「貞觀の度、弘安の度にも、夷類征伐の威徳を顯し賜ひ……」と元寇の国難撃退のやうにこのたびも神々の御加護で御守護賜るやう仰せになられるとともに、「人民をして、心志を同じうし、忠誠を盡して、國體を損ふこと無からしめ」国民が心を一つにして、忠誠を尽し国体を損はないやう国難に立ち向かふやうに仰せられてゐる。皇国の危機に決然立ち上がつた勤皇の志士たちの奮闘があつたのも、孝明天皇の御存在があつたからだといへよう。

明治時代

第百二十二代　明治天皇

王政復古の大號令（謹抄・慶應三年十二月九日『三條實美公年譜』十七）

諸事《しよじ》神武《じんむ》創業《さうげふ》之《の》始《はじめ》ニ原《もとづ》キ（謹略）盡忠報國《じんちゆうはうこく》之《の》誠《まこと》ヲ以《もつ》テ、可レ致ニ奉公一《ほうこういたすべく》候事《さふらふこと》。

慶応三年十二月九日、皇国本来のまつりごとに回帰したことを宣言された「王政復古の大號令」である。

大號令の大意は「徳川幕府が大政を奉還して、将軍職を辞退する二つのことを聞き入れられた。嘉永六年以降、今までなかつた国難のため、先帝（孝明天皇）が深く大御心を悩ませてしまつたことは多くの民が知つてゐる。よつて、聖上が御決心あそばされ、大政を天皇御自らの御手にとり給ひ、衰退していく国の活力を取り戻す基礎を定められた。これからは新しい三職（総裁・議定・参与）を設置して政務を行はせられ、万事、神武天皇が建国されたときの聖旨に基づき、文武諸官の間で区別がなく公平公正な公議を尽してまとめ上げ、民とともに苦しみも楽しみも共有する大御心を拝することによつて、皆それぞれ己の職務に励み、悪い弊害を打破し、誠心誠意、御国のため奉公いたされたい」である。

国内外の時局が混迷を極め、欧米諸国が隙あらば侵略の機会を窺ふなど、度重なる国難の時期、土佐藩主・山内豊信の建白を受け入れた将軍・徳川慶喜が慶應三年十月十四日、朝廷に大政を奉還することを奏上、また将軍職を辞したことにより、十五代、二百六十五年続いた徳川幕府が終焉を迎へることになつた。

「諸事神武創業之始ニ原キ」と仰せのやうに、神武天皇建国の精神に立ち還り、君民が一体となつて、明治御一新のまつりごとを執りおこなつていかうとの大御心を拝することができるのである。

五箇條の御誓文（明治元年三月十四日『太政官日誌』四）

一、廣《ひろ》ク會議《くわいぎ》ヲ興《おこ》シ、萬機公論《ばんきこうろん》ニ決《けつ》スヘシ。

一、上下《しやうか》心《こころ》ヲ一《いつ》ニシテ、盛《さかん》ニ經綸《けいりん》ヲ行《おこな》フヘシ。

一、官武《くわんぶ》一途《いつと》庶民《しよみん》ニ至《いた》ル迄《まで》、各《おのおの》其《そ》ノ志《こころざし》ヲ遂《と》ケ、人心《じんしん》ヲシテ倦《う》マサラシメンコトヲ要《えう》ス。

一、舊來《きうらい》ノ陋習《ろうしふ》ヲ破《やぶ》リ、天地《てんち》ノ公道《こうだう》ニ基《もとづ》クヘシ。

一、智識《ちしき》ヲ世界《せかい》ニ求《もと》メ、大《おほい》ニ皇基《くわうき》ヲ振起《しんき》スヘシ。

我國《わがくに》未曾有《みぞう》ノ変革《へんかく》ヲ爲《なさ》ントシ、朕《ちん》、躬《み》ヲ以《もつ》テ衆《しゆう》ニ先《さき》ンシ、天地神明《ちんちしんめい》ニ誓《ちか》ヒ、大《おほい》ニ斯國是《このくにぜ》ヲ定《さだ》メ、萬民保全《ばんみんほぜん》ノ道《みち》ヲ立《たて》ントス。衆亦此旨趣《しゆうまたこのししゆ》ニ基《もとづ》キ、協心努力《けふしんどりよく》セヨ。

明治元年三月十四日、明治天皇は親王・公卿・諸侯を率ゐて紫宸殿に出御あそばされ、天神地祇に誓ひあそばされるとともに広く天下国民に宣布なされた御誓文である。

御誓文の大意は

「一　広く人材を求めて会議を開き、すべての政治は公平な意見によつて決めることとする。

一　上、下の者が心を一つに合はせて、大いに国を治めるやうにせよ。

一　官・武の区別なく、庶民も含めて、皆その望む心を遂げさせ、国民の心をゆるませないやうにすることが大事である。

一　古からの悪い習慣を改善して、天地の公明正大な道理に従つて行動するやうにせよ。

一　知識を世界から広く採用して、大いに我が国の基礎を奮ひ起こすやうにせよ。

我が国として、未だない大改革を行ふにあたり、私は先頭に立つて、民に率先し、天地の神々に誓ひ、大いに国家統治の方針を定め、国民を安定させる策を講じたいと思ふ。国民もこの精神に基づいて、心を合はせて努めるやうにせよ」である。

御誓文では、公議輿論の重要性、まつりごとの一新、開国進取の推進など、五箇条の綱領に基づいた国是を定め、天皇御自ら率先して神々に誓ひ奉り、安寧した御代を構築していくため天皇と国民が心を一つにして政治に取り組んでいかうと仰せになられてゐる。

明治御一新の国是といふべき方針をお示しになられてをり、明治維新宣言ともいへる重要な御誓文である。

江戸を改めて東京と稱するの詔（謹抄・明治元年七月十七日『太政官日誌』四十六）

江戸《えど》ハ東國第一《とうごくだいいち》ノ大鎭《たいちん》、四方輻湊《しはうふくそう》ノ地《ち》、宜《よろ》シク親臨以《しんりんもつ》テ其政《そのまつりごと》ヲ視《み》ルヘシ。因《よつ》テ自今《じこん》、江戸《えど》ヲ稱《しよう》シテ東京《とうきよう》トセン。是朕《これちん》ノ海内一家《かいだいいつか》、東西同視《とうざいどうし》スル所以《ゆゑん》ナリ。

明治元年七月十七日、江戸を東京と改称して、この地を新皇都と定め遷都するやう仰せなされたときの詔である。

詔の大意は「私は、すべてのまつりごとを自ら執り行ひ、国民を慈しみ深く治めたいと思ふ。江戸は東国で一番のまちであり、多くの人々が集ふ場所であることから、そこに都を定めて統治していく。今後は江戸から東京と名を改める。これは国内すべてを家族のやうに思ひ、東西分け隔てることなく同じやうに視てゐるからである。多くの民もよく心得ておくやうにせよ」である。

明治御一新のまつりごとを始めるにあたり、遷都の必要性が論じられるやうになつた。慶應三年、薩摩の伊地知正治が、慶應四年には大久保利通が難波遷都論を提唱した（ともに採用・議論にいたらず）。木戸孝允は京都・大阪・東京の三京並置論を唱へてゐたが、受け入れられることがなかつた。結局、江戸遷都論の意見が多く出たことによつて、江戸から東京と名称を改めて皇都と定められたのであつた。

明治改元の詔（謹抄・明治元年九月八日『太政官日誌』八十一）

今《いま》より以後《いご》、舊制《きうせい》を革易《かくえき》し、一世一元《いつせいいちげん》、以《もつ》て永式《えいしき》と爲《な》せ。主者施行《しゆしやしかう》せよ。

慶応四年九月八日、明治天皇はこの詔をもつて慶應から明治へと元号を改元なされたのである。

詔の大意は「皇祖の御遺訓を奉戴して即位、御歴代が継承してきた大命により年号を改元する。それはよく治まつてゐた御代の法則であり、永久に変はらない基準である。私は薄徳であるが、幸ひ皇祖の御霊の御加護により、謹んで皇位を継承し、自ら統治するにあたり年号を改元して、万民とともにすべて一新しようと思つてゐる。そこで慶應四年から明治元年とする。今後は旧制度を革めて、一世一元を永久の制度と定める。当局者はこれを実施するやうにせよ」である。

国史上初めて年号を定めたのが、孝徳天皇の御代（大化）であつた。以降、御歴代天皇は吉凶現象が起こると年号を改元する慣例（一御代で何回も年号を改元した史実もある）となされてゐたが、明治天皇の御代から一世一元の制度とお定めになられて現代にいたつてゐる。

祭政一致の道を復し氷川神社を親祭し給ふの詔（謹抄・明治元年十月十七日『東京城日誌』一）

神祇《じんぎ》を崇《たふと》び祭祀《さいし》を重《おもん》ずるは、皇國《くわうこく》の大典《たいてん》にして、政教《せいけう》の基本《きほん》なり。

明治元年十月十七日、武蔵の国氷川神社の御親祭を仰せなされたときの詔である。詔の大意は「天地の神々を敬ひ祭祀を重んずることは、我が国の大事な儀式であり、政治・教育の基本である。中世より以降政治が衰退して祭祀が疎かになり、国の掟も形骸化していつた。私は深く憂へてゐる。今、万事を改善しようといふ時、東京を新都と定めて親政することになつた。今後、先に祭祀を再興し国の制度を引き締めることで祭政一致の我が国本来の道に回帰しようと思ふ。武蔵国氷川神社を国の鎮守として自ら行幸し祭ることにする。今後は毎年、奉幣使を遣はすやうにして、永く変はらない例とせよ」である。

氷川神社の御創建については、第五代孝昭天皇の勅願で建てられたといはれてをり、かなり古い由緒が伝へられてゐる。「祭政一致の道を復せむとす」と仰せになられてゐるやうに、武蔵国氷川神社を国の鎮守と定めることによつて、祭政一致の道を再興し国体の淵源を明らかにしようとの大御心を拝することができるのである。

政治始の勅語（謹抄・明治二年一月四日、明治二年『太政官日誌』一）

惟《おも》フニ天道《てんだう》靡レ常《つねなく》、一治一亂《いつちいちらん》、内安《うちやす》ケレハ、必《かならず》外《そと》ノ患《うれひ》アリ。豈《あ》ニ戒愼《かいしん》セサル可《べけ》ンヤ。

明治二年一月四日、新年最初の政治を執り行ふにあたり（政治始といふ）文武諸官に対して訓戒を下し賜はれたときの勅語である。

勅語の大意は「私は毎日謹んで先皇の御事業を保ちえないことがあつてはいけないとおそれてゐる。先に不忠の者が大命に逆らひ、民が大いに苦しんだ。幸ひに文武諸官の尽力により速やかに乱を平定することができて、民が安心するやうになつた。考へるに、世は常に移り変はるもので、時に治まることもあれば、時に乱れることもある。国内が平安であれば、必ず外国と事を構へるやうなことが起こつてくる。どうして戒め慎まないでよからうか。私は皇祖より継承されてゐる大業を国内外に宣布して、永久に先帝の御威徳を高揚しようと願つてゐる。文武諸官は私を補佐して職務に精励するやうにせよ」である。

「先皇（孝明天皇）ノ威徳ヲ宣揚センコトヲ庶幾ス……」と仰せのやうに、天皇は明治御一新にあたり、先皇（孝明天皇）の御威徳を継ぎ、役人は御統治の補佐をしてそれぞれの職務に奉公し君と民が一つになつて、まつりごとを執り行つていかうとの大御心を拝することができる。

會議親裁の勅語（謹抄・明治二年二月二十五日、明治二年『太政官日誌』二十六）

抑《そもそも》制度《せいど》律令《りつれい》ハ、政治《せいぢ》ノ本《もと》、億兆《おくてう》ノ頼《よる》トコロ、以《もつ》テ輕《かろがろ》シク定《さだ》ムヘカラス。

明治二年二月二十五日、公議所開設が決まつたことにより、議事の御親裁を仰せなされたときの勅語である。

勅語の大意は「私は近く東京に行幸して諸官を集め、意見を請ふことで統治の方針を定めようと思ふ。律令・制度は政治運用の根本であり、これにより民が信頼する性質をもつてゐるから軽々しく決してはいけない。今、大方の公議所規則が決まつたといふ。早急に公議所を開き礼法を重んじ和を第一とし、客観公平な心をもつて間違ひがないやうに相談し、皇道の道理に従つて、情勢に適ふやう慎重に協議して奏上するやうにせよ。私はそれをもつて判断し決定するであらう」である。

三條實美を修史總裁に任じ給ふの御沙汰（謹抄・明治二年四月四日『公爵三條公輝氏所藏』）
修史《しうし》ハ萬世不朽《ばんせいふきう》ノ大典《たいてん》、祖宗《そそう》ノ盛擧《せいきよ》（謹略）君臣名分《くんしんめいぶん》ノ誼《ぎ》ヲ正《ただ》シ、華夷内外《くわいないぐわい》ノ辨《べん》ヲ明《あきらか》ニシ、以《もつ》テ天下《てんか》ノ綱常《かうじやう》ヲ扶植《ふしよく》セヨ。

明治二年四月四日、修史事業再興の目的で史局を開設し三條実美を総裁に任命したときの御沙汰である。

御沙汰の大意は「修史は皇祖皇宗が大いに力を注がれた永久にのこる文化的大事業であつたが『三代實録』以降途絶えてゐた。鎌倉幕府から始まつた武家政権の弊害はなくなり、良き制に革まつた。史局を開き皇祖皇宗の事業を継承して天下に文教を施さうと思ふことから総裁を任命する。君臣間の大義名分の道理を知らしめ、自国を主として外国を従とすべき区別を明確にして、天下の道義道徳を宣布するやうにせよ」である。

いふまでもなく、修史編纂は国家にとつて一大事業である。『三代實録』の編纂以降、官撰修史編纂事業が永く途絶えてしまつた。御代が御一新されて史局を設置したことにより、国史を明らかにして正しい日本の君臣間の道義道徳を天下に伝えていきたいとの大御心を拝することができるのである。

刑律選定の詔（謹抄・明治二年九月二日『法規分類大全』）

我大八洲《わがおほやしま》ノ國體《こくたい》ヲ創立《さうりつ》スル、遂古《すゐこ》ハ措《おい》テ不レ論《ろんぜず》。神武《じんむ》天皇《てんわう》以降《いかう》二千年《にせんねん》、寛恕《くわんじよ》ノ政《まつりごと》、以《もつ》テ下《しも》ヲ率《ひき》ヰ、忠厚《ちゆうこう》ノ俗《ぞく》、以《もつ》テ上《かみ》ヲ奉《ほう》ス。

明治二年九月二日、新しい刑律の選定について仰せになられたときの詔である。

詔の大意は「神武天皇建国以降、二千余年の間は、仁慈溢れる寛大なまつりごとをなされて、国民を統治され、民も忠義の誠を捧げて、天皇に仕へてきた。大宝の御代になつてから唐の律令制度を折衷されたが、刑律の施行は定められた法律よりも寛大であつた。保元の御代以降は、世が混乱して武家の世となり、刑罰を厳重にしたので、古の美風が消失した。今、大政が一新され古の美風を再興し、民が安心して生活できるやうにしなければならない。刑部省が新刑法を制定するにあたり、よく心得て重罪でないかぎり、流以下の寛大なる罰に処するやうにしたいと思ふ」である。

神靈鎭祭の詔（謹抄・明治三年正月三日『太政官日誌』）

朕《ちん》、恭《うやうや》しく惟《おもん》みるに、大祖《たいそ》の業《げふ》を創《はじ》めたまふや、神明《しんめい》を崇敬《すうけい》し、蒼生《さうせい》を愛撫《あいぶ》したまひ、祭政一致《さいせいいつち》、由來《ゆらい》する所遠《ところとほ》し。

詔の大意は「私が考へるに、皇祖がこの国を治める大業を始められたときには、神々を敬ひ民を深く愛した。祭政一致の淵源はかなり古いのである。私は徳も薄く力も弱い身をもつて、皇位を継承したので、日夜心配して、尊き天職にかけるやうなことはないかとおそれてゐる。謹んで天神地祇・八神・御歴代列聖の御霊を神祇官に鎮め祭り、敬神崇祖の誠をあらはさうと思ふ。すべての民にも見習ふやうにしてほしいと思ふ」である。

「天神・地祇・八神・及び列皇の神靈を神祇官に鎭靈し……」と仰せのやうに、明治二年十二月、神祇官内に神殿を建立して神々を鎭祭したのである。そして、神祇官人が神々に奉仕することになり、明治御一新下における祭祀体制が確立された。祭政一致の根源を明らかにし、敬神崇祖の誠心を尽さうとなされる大御心を拝することができる。

惟神の大道を宣揚し給ふの詔（謹抄・明治三年正月三日『太政官日誌』）

祭政一致《さいせいいっち》、億兆同心《おくてうどうしん》、治教上《ちけうかみ》に明《あきら》かにして、風俗下《ふうぞくしも》に美《うる》はし。（謹略）宜《よろ》しく治教《ちけう》を明《あきら》かにし、以《もつ》て惟神《かむながら》の大道《たいだう》を宣揚《せんやう》すべきなり。

明治三年正月三日、祭祀尊重の精神を天下国民に宣布するため仰せられた勅語である。詔の大意は「私が考へてみるに、皇祖皇宗は皇位を定めて後世に伝へ、御歴代列聖はこれを継承されてきた。祭祀と政治は一体で、民は心を一つにして、政治や教化が正しく行き届き、風俗は美しかつた。中世以降は、栄枯衰退や道理の明暗があつた。今後は、政治教化を明らかにして、神代から継承されてきた道理を広く宣布しなければならない。ここに宣教師を任命して、天下に布教していくからすべての民も主旨を心得るやうに」である。

この詔では、惟神の大道を天下、国民に広く宣布するため宣教師を任命して布教するやう仰せになられてゐる。その後、明治五年には、教部省が設立されて教導職を設け、教導職の宣布方針として「教則三條」が規定された。内容は「一、敬神愛国の旨を体すべきこと　二、天理人道を明かにすべきこと　三、天皇を奉戴し朝旨を遵奉するべきこと」で構成されてゐる。

廢藩置縣の詔（謹抄・明治四年七月十四日、明治四年『太政官日誌』四十五）

内以《うちもつ》テ、億兆《おくてう》ヲ保安《ほあん》シ、外以《そともつ》テ萬國《ばんこく》ト對峙《たいぢ》セント欲《ほつ》セハ、宜《よろし》ク名實相副《めいじつあひそ》ヒ、政令一《せいれいいつ》ニ歸《き》

セシムヘシ。（謹略）是《こ》レ務《つとめ》テ冗《じょう》ヲ去《さ》リ、簡《かん》ニ就《つ》キ、有名無實《いうめいむじつ》ノ弊《へい》ヲ除《のぞ》キ、政令多岐《せいれいたき》ノ憂《うれひ》無《なか》ラシメントス。

明治四年七月十四日、在京の知藩事を召集して廃藩置県を仰せになられたときの詔である。詔の大意は「私が考へるに、諸事、一新するにあたり、内にあつては万民を安定させ、外に対しては各国と対峙していかうと思へば、宜しく名実が一致し、政治上の法令が一つの所から出るやうにしなければならない。私は諸藩が土地と人民を奉還すると申し出たので、これを聞き入れて、新知藩事を任命した。しかし、数百年続いた悪弊のため藩籍を奉還したことは名ばかりで、実際は行はれてをらず、旧来の政治と変はらない。それで、どうして民を安寧させ、諸国と対等の地位を保持することができようか。私は深く嘆いてゐる。だから藩を廃して県とすることにした。できるだけ無駄を省いて簡素なものに改め、名だけあつて実のないやうな悪い習慣を取り去り、政治上の法令が二重に出るやうな気遣ひをなくさうと思ふ。多くの臣下も私の思ふところを心得ておくやうにせよ」である。

明治二年六月、朝廷に諸藩の版籍を奉還したことをうけて、府・藩・県の三治制度を布き、旧藩主を知藩事に任命し地方行政を任せてゐた。明治四年七月には、全国の知藩事を召集して廃藩置県を仰せだされ、三府三百二県から、さらに府県の統合が行はれ三府七十二県になり、明治二十二年には三府四十三県となつた。旧来の体制を改めて中央集権体制の下、新しい内治体制が確立したのである。

徴兵令制定の勅語（謹抄・明治五年十一月二十八日、明治五年『太政官日誌』百八）

固《もと》ヨリ兵農《へいのう》ノ分《わかち》ナシ。（謹略）**海陸兵制《かいりくへいせい》モ亦《また》、時《とき》ニ従《したが》ヒ、宜《よろしき》ヲ制《せい》セサルヘカラス。**

明治五年十一月二十八日、従来の兵制を改革して徴兵制度を制定する旨を仰せなされたときの勅語である。

勅語の大意は「私が思ふに、古は郡県制度下、全国の若人を募集し、軍を編成して、国を防衛してゐたから軍人と民がわかれてゐなかつた。中世以降は、軍事権が武家に移つたことで軍人と民が区別されたのである。明治御一新は、千数百年来の一大変革である。この際、陸海軍の制度もときに従ひ、よりよく定めなければならない。今、我が国の古よりの制度に基づき国外の制も採用して、全国から兵を募集する法を設け、国を守る基を構築しようと思ふ。官吏の者は私の思ひをよくくみとり、全国に告諭するやうにせよ」である。

皇居造築延期に就き三條實美に下されし勅諭（謹抄・明治六年五月十八日、明治六年『太政官日誌』七十）

朕《ちん》力居室《きよしつ》ノ爲《ため》ニ、民産《みんさん》ヲ損《そん》シ、黎庶《れいしよ》ヲ苦《くるし》マシムルコト勿《なか》ルヘシ。

勅諭の大意は「私は前日の火災により、宮殿が焼失してしまつたが、今、非常に多くの国費を必要としてゐるときに、宮殿を造築することを望まない。私の居室をつくるために民が蓄財を減らし、苦しめるやうなことがないやうに。三條實美よ、この意を心得るやうに」である。

「前日回祿ノ災ニ遭ヒ……」と仰せのやうに明治六年五月四日、皇居内で火災が発生する事態にみまはれた。この勅諭以降、明治十六年七月に新皇居造営案を奏上したが「大規模な宮殿を造るには及ばない……質素を第一にして……」と仰せられたことにより、皇居新築を見合はせられた（火災以降、明治二十一年まで赤坂離宮を仮皇居となされてゐた）。できるだけ民に負担をかけてはいけないとの仁慈深き大御心を拝するのであり、仁徳天皇の御事績（難波宮は質素なつくりであつた）が思ひ出されよう。これこそが御歴代天皇の大御心の中に一貫して流れてきた御精神なのである。

地租改正法頒布の詔（謹抄・明治六年七月二十八日、明治六年『太政官日誌』百十四）

租税《そぜい》ハ國《くに》ノ大事《だいじ》、人民休戚《じんみんきうせき》ノ係《かか》ル所《ところ》ナリ。（謹略）**庶幾《こひねがは》クハ賦《ふ》ニ厚薄《こうはく》ノ弊《へい》ナク、民《たみ》ニ勞逸《らういつ》ノ偏《へん》ナカラシメン。**

明治六年七月二十八日、地租改正案の上諭を下し賜はれたときの詔である。

詔の大意は「私が思ふに、租税は国にとつて重要であり、民がこれにより安心したり心配したりするものである。これまでの方法は、不公平で軽重の差がみられた。これを改善し公議で十分に議論して公平な租税徴収が行はれるやうに地租改正法をひろめるやうにした。願ひとしては不公平さが生じないやうにしたい。この趣旨に則り地租改正法を実施するやうにせよ」である。

明治御一新下、新政府として国費が多く必要とする中、旧幕府の不公平な税率と徴税の方法を改めて、公正な財政規律を確立するため地租改正を仰せ出されたことは御英断だつたといへる。また、この地租改正以降、明治十年には「地租減額の詔」を宣せられるなど常に国民のことを思ひ、状況に応じて救恤をなされる大御心は、御歴代天皇の「国安かれ・民安かれ」の御精神の発露であるといへよう。

利用厚生の勅語（謹抄・明治十二年三月『岩倉公實記』下巻）

今親《いましたし》ク民事《みんじ》ヲ察《さつ》スルニ、生産未《せいさんいま》タ振《ふる》ハス、富庶《ふしよ》ノ實或《じつあるひ》ハ未《いま》タ進《すす》ムコトヲ加《くは》ヘス。朕深《ちんふか》ク以《もつ》テ憂《うれひ》トナス。茲《ここ》ニ念《おも》フ、與國《こうこく》ノ本《もと》ハ勤儉《きんけん》ニアリ。

明治御一新以降、全国各地を御巡幸あそばされて、民の実情を御視察なされた。中でも東北地方御巡幸のとき、民の惨状に触れ深く大御心を悩まされ、この勅語を宣べ給うたのである。

勅語の大意は「私は幼ひ身をもつて、国難のとき、皇祖皇宗の御加護と臣民の尽力により、維新を成就することができた。しかし情勢が非常時であり、安心することができない。国内的には、皇祖より継承されてきた国威を失墜させないやうにし、対外的には諸国と対等に交際していかうとするものである。私のやうに徳の薄い者が、どうしてこれに堪へられよう。今、私が親しく民情を見て思ふことは、生産が不振で、富が実のところ、前よりも進んでゐない。私はこのやうな実情を憂へてゐる。ここで思ふことは、国を興す基本は勤倹といふことである。皇祖皇宗は、実に勤倹を基に建国された。今、富強の実がまだあがらないのに、にはかに奢侈の弊害に陥るならば、その責任は私にある。私は自らを戒め、己を励まし、天下の模範にならうと思ふ。多くの臣に告げる。宮中の工事は倹約を旨とし、食事や調度の物は質素にし、無駄を省き、仕事に励み、基を養ふ資金に充てよ。皆の中に、民を富まし生活を豊かにする案がある者は、遠慮なく提案し、私の及ばぬところを助けるやうにしてほしい」である。

勅語の中で「宮禁ノ土木、其レ務メテ倹素ニ就キ……」と仰せのやうに、宮中の工事や毎日の進御の食事を制限して、倹約の精神を教示して実践あそばされた。

率先して倹約を実践あそばされる御姿に国民の御父としての慈しみ深き大御心が現れてゐるといへよう。

招魂社を靖國神社と改稱し給へる御祭文（謹抄・明治十二年六月二十五日『靖國神社誌』）

汝命等《いましみことたち》の赤《あか》き直《なほ》き眞心《まごころ》を以《も》て、家《いへ》を忘《わす》れ身《み》を擲《なげう》ちて、各《おのもおの》も死亡《みまかり》にし其《そ》の大《おほ》き高《たか》き勲《いさ》功《をし》に依《よ》りてし、大皇國《おほすめらみくに》をば安國《やすくに》と知食《しろしめ》す事《こと》ぞと思食《おもほしめ》すが故《ゆゑ》に、靖國神社《やすくにじんじや》と改《あらた》め稱《とな》へ、別格官幣社《べつかくくわんぺいしや》と定《さだ》め奉《まつ》りて、御幣帛奉《みてぐらてたまつ》り齋《いは》ひ奉《まつ》らせ給《たま》ひ、今《いま》より後彌遠永《のちいやとほなが》に怠《おこた》る事《こと》無《な》く祭《まつ》り給《たま》はむとす。

明治十二年六月二十五日、丸岡莞爾を勅使として招魂社へ遣はし、靖国神社に社名を改め別格官幣社と定めたことを神前に御奉告されたときの御祭文である。

御祭文の大意は「（謹略）申すも恐れ多い畝傍の橿原宮で、始めてこの国を統治なされた神武天皇の御代から、尊い天皇の御事業としてお治めになられてきたこの国のまつりごとが衰へたのを、古の通りに復興し、明治元年といふ年から以降、国内外で荒々しい権勢を振るふ悪人どもを懲らしめ、従はない者を言向けやはすときに、汝たちが清く直く正しい真心をもつて、家を忘れ身を犠牲にして、各々が命を捧げたその多大な勲功により、この皇国を安らかな国として治めることができると思ふので、靖国神社と社名を改称し、別格官幣社と定めて、御幣帛を捧げ未来永劫忘れないやうに怠りなく祭祀につとめられようとされるのである（謹略）」である。

日本人にとつて靖国神社は、精神的支柱として大きな存在・役割を示してきた。しかし、戦後は反日左翼勢力により、軍国主義の象徴と位置づけた攻撃を受け続けてゐる。このやうな悪しき戦後風潮を打破して、真の靖国神社の存在を取り戻すことがいかに大事なことか……。一日も早く靖国神社の真つ当なかたちでの国家護持を望むのは、心ある日本人共通の悲願である。

聖旨、教學大旨（謹抄・明治十二年『教育勅語渙發關係資料集』一）
教學《けうがく》ノ要《えう》、仁義《じんぎ》忠孝《ちゆうかう》ヲ明《あきら》カニシテ、知識才藝《ちしきさいげい》ヲ究《きは》メ、以《もつ》テ人道《じんだう》ヲ盡《つく》スハ、我《わが》祖訓國典《そくんこくてん》ノ大旨《たいし》、上下一般《しやうかいつぱん》ノ教《をしへ》トスル所《ところ》ナリ。然《しか》ルニ輓近《ばんきん》專《もつぱ》ラ知識才藝《ちしきさいげい》ノミヲ尚《たふ》トヒ、文明開化《ぶんめいかいくわ》ノ末《すゑ》ニ馳《は》セ、品行《ひんかう》ヲ破《やぶ》リ、風俗《ふうぞく》ヲ傷《そこな》フ者《もの》少《すく》ナカラス。

国民教育に関する教旨を侍講・元田永孚に命じて筆記させられたのが教学大旨である。
教学大旨の大意は「学問の要諦は、仁義忠孝を明らかにして、知識や才芸を究め、よつて人の道を実践することは、我が祖先の教へ、国のおきての基本精神であつて、上下の者どもの教へとするところである。然るに近頃は、知識や才芸のみを重んじ、文明開化の本旨から逸脱し、品行を汚して善良な風俗を害する者が少なくない。明治維新の当初より、主として今までの悪しき習慣をやめて、広く世界の知識を採用しようといふ優れた考へから、一時、西洋の長所を採用し、日進月歩の成果を挙げたが、一方弊害も残り、仁義忠孝を後にし、徒に西洋にならふことを競ふやうになつたら、これから恐れるところは、やがて君臣父子の大義を忘れてしまふかもしれないといふことである。これは我が国の教学の本当の精神ではない。故に今から後には祖宗の教へに基づいて、仁義忠孝を明らかにし、道徳は孔子の教へを主として、すべての者が誠実品行を重んじ、その才能の本分に従つて、各学問の進歩をはかり、道徳と才芸の本と末とがすべて備はつた正しい教学を天下に普及したならば、我が国の独立の精神といふことにおいて、世界に恥じることはない」である。

文明開化路線の浸透で、西洋学問・思想が流入したことにより我が国民精神を忘れてしまふやうな教学情勢（五箇条の御誓文の「知識ヲ世界ニ求メ……」の主旨から外れた情勢のこと）を憂へられてをり、国民道徳の主軸である仁義忠孝を明らかにして、道徳と知識、才芸を究めて日本人としての道を修養するための教学精神を明確に御示しになられた大旨である。

國會開設の勅諭（謹抄・明治十四年十月十二日『三條實美公年譜』・『法規分類大全』）

朕惟《ちんおも》フニ、人心進《じんしんすす》ムニ偏《へん》シテ、時會《じくわい》速《すみやか》ナルヲ競《きそ》フ。浮言相動《ふげんあひうご》カシ、竟《つひ》ニ大計《たいけい》ヲ遺《わす》ル。是《こ》レ宜《よろ》シク、今《いま》ニ及《およ》テ謨訓《ぼくん》ヲ明徴《めいちよう》シ、以《もつ》テ朝野臣民《てうやしんみん》ニ公示《こうじ》スヘシ。

勅諭の大意は「私は二千五百有余年、皇祖より伝はつた皇位を継承し、中世以降、衰退してゐた大権を奮ひ起こし、天下のまつりごとを統一し、すべてを治め、立憲政体を定めて、これからの子孫が受け継いでいく大事業を成就しようと思つてゐた。明治八年に元老院を設け、続いて明治十一年に府県会を開いた。徐々に基礎を築き始めて、順序よく進んでいく道といふことである。多くの民も、この心を知ることであらう。顧みるに国家の成立過程は、各国によつて長所が違つてゐる。非常の事業は、実に軽々しく行ふことができない。我が皇祖皇宗の御霊が上にあつてご覧なされてゐる。代々その事業を発展させて、壮大な計画を一層ひろめ、今昔の時世を考慮して、情勢に適するやう方法を変へ、固い決意のもとに行ふのである。その責任は私が負ふ。明治二十三年を期し、議員を召集して国会を開くことで、私の初志を成し遂げようと思ふ。今、朝廷に仕へてゐる諸官に命じ、しばらく日時を与へて、考へ責任をもつて実行させたい。国会の組織や権限は、私が最も正しいと思ふところを採つて定め、そのときになつてから一般に公布するところがあらう。私が思ふに、人の心は前に進むことに傾きやすく、国会開会の日程を早くするやうに焦るであらう。根拠のないことを流布して、それが原因で大きな計画を忘れることもある。それで今、皇国の大計を明確に示して、官民に対し公示していくのである。もし性急に行はうと思つて争つたり、扇動して事変を起し、国の安寧を破るやうな者があつたら、国の法律をもつてこれを処罰するであらうといふことを特にここに言明して、汝ら多くの者に告げて諭す」である。

明治御一新にあたり五箇条の御誓文に基づいた公議尊重の精神から立憲政体の場をつくらうと、明治八年に元老院、明治十一年に府県会を開いてきた。さらに国民の間から国会開設を要望する自由民権運動が高揚してゐたのであつた。さうした世論をうけて、明治二十三年を目途に広く国民から選出された政治家で構成される国会を開設していきたい旨を仰せだされた勅諭である。

陸海軍人に下し給へる勅諭（謹抄・明治十五年一月四日『法規分類大全』）

此《この》五《ご》ケ條《でう》は、天地《てんち》の公道《こうだう》、人倫《じんりん》の常經《じやうけい》なり。行《おこな》ひ易《やす》く守《まも》り易《やす》し。汝等《なんぢら》軍人《ぐんじん》、能《よ》く朕《ちん》か訓《をしへ》に遵《したが》ひて此道《このみち》を守《まも》り行《おこな》ひ、國《くに》に報《むく》ゆるの務《つとめ》を盡《つく》さは、日本國《にほんこく》の蒼生《さうせい》擧《こぞ》りて之《これ》を悅《よろこ》ひなん。朕一人《ちんいちにん》の懌《よろこび》のみならんや。

明治六年に徴兵制を布告、本来の国民皆兵制に復帰したことにより、皇軍将兵としてのあるべき精神を教示するため宣せられた勅諭である。

勅諭では「我が国の軍隊は、代々天皇が統率してきた。神武天皇が大伴氏、物部氏を率ゐて大和国を平定して天皇に即位、天下を統治されてから二千五百年以上経過したが、情勢の変化と共に軍隊制度の変遷もあつた。しかし、軍隊の統率権を臣下に委任することはなかつた。中世以降は、武士に軍隊の統率権が移り、約七百年の間、武家政権となる……」と神武建国以降からの軍事制度の変遷史を仰せになられ「皇軍を統率する大権は天皇にある。二度と中世以後の武家が文武大権を掌握するやうな事態にならないやうに望んでゐる（謹略）私は軍人の最高の統率者である（謹略）共に力を合はせて国家を守り我が国の威光を世界に輝かせよう……」と仰せになられ「一、軍人は忠節を盡すを本分とすべし。一、軍人は禮儀を正しくすべし。一、軍人は武勇を尚ぶべし。一、軍人は信義を重んずべし。一、軍人は質素を旨とすべし」と軍人が遵守すべき精神を五箇条にまとめて簡明に御教示されてゐる。

この軍人勅諭の御教へに基づいた精神性、軍律の高さは世界から称賛され、日清・日露戦争の勝利、「亜細亜解放」の大義のため、欧米帝国主義と戦つた「大東亜戦争」など世界史に輝く功績を刻んできたのも軍人勅諭の素晴らしい御教へがあつたからだ。教育勅語と並び今も教へられることが多い道徳的精神的な勅諭だともいへよう。

幼學綱要頒賜の勅語（謹抄・明治十五年十二月『法規分類大全』）

年少就學《ねんせうしうがく》、最《もつと》モ當《まさ》ニ忠孝《ちゆうかう》ヲ本《もと》トシ、仁義《じんぎ》ヲ先《さき》ニスヘシ。因《よつ》テ儒臣《じゆしん》ニ命《めい》シテ、此書《このしよ》ヲ編纂《へんさん》シ、群下《ぐんか》ニ頒賜《はんし》シ、明倫修徳《めいりんしうとく》ノ要《えう》、茲《ここ》ニ在《あ》ルコトヲ知《し》ラシム。

先に謹解した「教學大旨」で我が国のあるべき教学方針を教示された。続いて少年少女生徒向けに「幼學綱要」を編纂するやうに侍講、元田永孚に命じられた勅語である。

勅語の大意は「人の守り行ふ道といふものは、教育の基本になるもので、我が国でも支那でも最も崇め尊ぶところである。欧米各国にも修身の学があるけれども、そのまま我が国に採用しても、十分に目的を達することはできない。今では学問が多岐にわたつてをり、本と末を間違へるものが少なくない。これから学問に就く年少の者は、最も忠孝を基本として、仁義を先にしなければならない。よつて儒学の官に命じて、この幼學綱要を作成し、多くの者に頒布し、人倫を明らかにして徳を修養する要点が、ここに存在することを知らせるやうにせよ」である。

我が国本来の学問、道徳を重んじ尊ぶため少年少女学徒に向けた教育方針を簡明に御教示なされてをり、幼学綱要を作成して、多くのものに頒布することで道徳修養の要点を知らすやう仰せになられてゐる。

大日本帝國憲法發布の勅語（謹抄・明治二十二年二月十一日『官報』）

朕《ちん》、國家《こくか》ノ隆昌《りゆうしやう》ト臣民《しんみん》ノ慶福《けいふく》トヲ以《もつ》テ、中心《ちゆうしん》ノ欣榮《きんえい》トシ、朕《ちん》カ祖宗《そそう》ニ承《う》クルノ大權《たいけん》ニ依《よ》リ、現在《げんざい》及《および》將來《しやうらい》ノ臣民《しんみん》ニ對《たい》シ、此《こ》ノ不磨《ふま》ノ大典《たいてん》ヲ宣布《せんぷ》ス。

勅語の大意は「私は、国家が栄えて国民が幸せになることを心からの喜びとし、私が皇祖から継承してきた大権により、現在と将来の国民に対して、永久に変はらない大典を宣布していく。よく考へてみると、我が皇祖は、我が臣民の祖先が力を合はせてお助け申し上げたことにより、我が皇国を始めてつくり、これを永久にのこされたのである。これは、もつとも尊い皇祖皇宗の御威徳と臣民が忠実勇武によるものであつて、国を愛し身を犠牲にして国事に尽したから、この輝ける国史の成跡を後の世に遺したのである。私は、民が皇祖皇宗に忠義を尽してきた民の子孫であるといふことに思ひめぐらし、私が思ふところをよく守り行ひ、私の仕事を助けて善道をすすめ、共に心から和らいで力を合はせ、ますます我が皇国の栄光を国の内外に高く宣揚して、祖宗の遺業を未来永劫盤石にしたいといふ思ひを同じくし、この重いつとめを分ちあひ堪へていくものであることを疑はないのである」である。

大日本帝国憲法は、皇国の組織、統治方法、国民の義務権利など政体のあるべき基本原則を総体的に明示した欽定憲法であり、七章七十六条で構成されてゐた。起草にあたり西洋の立憲思想を主とするのではなく、国史に基づき国体の淵源を顕現した日本的な憲法であつたといへよう。しかし、戦後占領政策により我が国の憲法は改悪されてしまつた。戦後七十年が経過した現代にいたるも、未だに憲法が改正されてゐないことは民族的な痛恨事である。一日も早く正しい日本の歴史・伝統・文化に基づいた真の憲法に改正しなければならない。

皇室典範制定の勅語（謹抄・明治二十二年二月十一日『三條實美公年譜』二十九）

今《いま》ノ時《とき》ニ當《あた》リ、宜《よろし》ク遺訓《ゐくん》ヲ明徴《めいちよう》ニシ、皇家《くわうか》ノ成典《せいてん》ヲ制立《せいりつ》シ、以《もつ》テ丕基《ひき》ヲ永遠《えいゑん》ニ鞏固《きようこ》ニスヘシ。

勅語の大意は「天の助けを受け、我が国の皇位は、万世一系を通じ歴代継承されてきて私にいたつた。思へば皇祖皇宗が国を始められたときからの掟があり、一点の疑ひもないのである。宜しくその遺訓を明らかにし、皇室の成文化された法典を定め、もつて国家統治の基礎を永遠に揺るがぬやうにするべきだ。ここに枢密顧問に諮詢し皇室典範を裁定し、未来永劫、遵守するやうにする」である。

皇室典範は皇位継承、践祚、即位などについて定められた皇室に関する根本法であり、十二章六十二条で構成されてゐた。しかし、前に謹解した大日本帝国憲法と同じく皇室典範も戦後占領政策により改悪されてしまつた。我が国体、日本民族の総合的生命的中心にまします皇室に関する皇室典範を正しい姿に戻すことが急務であるといへよう。

教育に關する勅語（謹抄・明治二十三年十月三十日『官報』）

朕惟《ちんおも》フニ、我《わ》カ皇祖《くわうそ》皇宗《くわうそう》國《くに》ヲ肇《はじ》ムルコト宏遠《くわうゑん》ニ、徳《とく》ヲ樹《た》ツルコト深厚《しんこう》ナリ。我《わ》カ臣民《しんみん》克《よ》ク忠《ちゆう》ニ、克《よ》ク孝《かう》ニ、億兆心《おくてうこころ》ヲ一《いつ》ニシテ、世々《よよ》厥《そ》ノ美《び》ヲ濟《な》セルハ、此《こ》レ我《わ》カ國體《こくたい》ノ精華《せいくわ》ニシテ、教育《けういく》ノ淵源《えんげん》亦《また》實《じつ》ニ此《ここ》ニ存《そん》ス。

勅語の大意を段ごとに謹解していく。一段目は「私が思ふ所は、我が皇祖の天照大神から神武天皇、及び御歴代の天皇が、この国を始めてお創りになつたことは、宏大、永遠であり、徳を施してきたことは、深く厚いものがある。我が国民は天皇によく忠義を尽し、父母にはよく孝行を尽し、すべての国民が心を合はせて代々その美風を作り上げてきたことは、我が国体の優れた特徴であり、教育の根本もここに存在するのである」である。

二段目は「汝国民よ両親には孝行を尽し、兄弟は仲良く、夫婦は仲睦ましく、友達を信じ、身辺を慎んで、博愛を多くの者に及ぼし、学問を修め、業務を習ひ、知識才能を啓発し人格を磨き上げて、進んで社会の利益を増進し、常に帝国憲法を遵守し、一たび国の一大事があれば身を挺して奉公し、永久に続く我が国体を助けなければならない。これらの教へを守ることは、単にわが国の良き臣民としての務めであるばかりでなく、また、わが国の先人の美風を発揚することになるであらう」である。

三段目は「以上申し述べた道は、先人が守り遺されてきた教へであり、天皇と国民が共に守らなければならない。これは古今いつの時代であつても、実践して間違ひがないものであり、国の内外に対しても道理に背くことのない公道である。私は国民と共にこれを実行して、美徳を高めたいと願ふ」である。

謹んで拝してわかるやうに、天皇と国民の間は忠孝一本の道徳精神で成り立ち、君民が一体となつて道徳習慣をつくり上げてきたことが、我が国の麗しき特徴であつた。教育勅語では、国体の精華に基づく国民教育の基本方針と忠孝精神に基づいた国民道徳の大綱をお諭しなされてをり、天皇と国民が一体となつて守り実践することを仰せになられてゐる。

一九八〇年代に米国のレーガン政権下で、自国の道徳再興のモデルとしたのが戦前の修身教育や教育勅語であつたことは有名である。古今東西、万国共通の道徳教育の普遍的原理が、教育勅語に顕現されてゐることは一目瞭然だといへよう。戦後の悪しき風潮を打破して、真の民族精神、国民教育の再興のためにも教育勅語の復活が望まれるのだ。

清國に對する宣戰の詔（謹抄・明治二十七年八月一日『官報』）

朕《ちん》平和《へいわ》ト相《あひ》終始《しゆうし》シテ、以《もつ》テ帝國《ていこく》ノ光榮《くわうえい》ヲ中外《ちゆうぐわい》ニ宣揚《せんやう》スルニ専《もつぱら》ナリト雖《いへども》、亦《また》公《おほやけ》ニ戰《たたかひ》ヲ宣《せん》セサルヲ得《え》サルナリ。

詔の大意は「天つ神の御加護をこの身に蒙り、万世一系の天皇の御位に即いてゐる。大日本帝国天皇は、忠実勇武なる多くの国民に告げる。（謹略）私は常に平和政策を執り行ひ国民が文明の恩恵に浴することを求め、外国と争ふことをできるだけ避けて平素から諸国との友好を期してきた（謹略）清国は朝鮮国内の内乱に乗じて我が国に対して信義を失ふ行動に出た（謹略）朝鮮は我が国が善導して列国の仲間入りをさせた独立国であり（謹略）清国は朝鮮を属国と称して内政干渉を行ひ、内乱が起こると属国の危機を救ふとの名目で出兵したのである（謹略）我が国は朝鮮の安定、東洋の平和維持のための両国で守るべきことを提案したが、清国は拒否した。我が国は朝鮮に対して悪政を改革して国内の治安の安定、国外では独立国としての威厳を保つやう勧告した。朝鮮はこの意を承諾したが、清国はあらゆる手段で妨害してきた（謹略）朝鮮に大軍を派兵したり我が艦船に砲撃を加へるなどの乱暴な行為を行つた。これらは清国の野心を示すものである（謹略）我が国の権利、利益を損傷し東洋の平和を永久に失はうとしてゐる。かうした清国の野心が明確になつた以上、私はこれを黙過できない（謹略）私は常に平和への願ひをもつて行動し、さうして国の栄光を国の内外に発揚するやうにつとめてきた。しかし今、公に宣戦しなければならなくなつた」である。

明治二十七年、朝鮮国内で東学党の乱が起こると清国は天津条約（日本との間で締結）の條項（もし出兵の必要があれば、両国が相照会して行ふこと）を無視、朝鮮に出兵して占領支配することを目論んだ。詔の中で、このやうな清国の我が国に対する対応・情勢を詳しく仰せになられてゐる。

かうした條項違反は断じて許せることではなく、朝鮮国の独立と亜細亜情勢の安定のため止むなく清国に宣戦布告をして干戈を交へることになつた。そのときに渙発された詔である。

戦勝後國民に下し給へる勅語（謹抄・明治二十八年四月二十一日『官報』）

朕《ちん》惟《おも》フニ國運《こくうん》ノ進張《しんちやう》ハ治平《ちへい》ニ由《よ》リテ求《もと》ムヘク、治平《ちへい》ヲ保持《ほぢ》シテ克《よ》ク終始《しゆうし》アラシムルハ、朕《ちん》カ祖宗《そそう》ニ承《う》クルノ天職《てんしよく》ニシテ、亦《また》即位《そくゐ》以來《いらい》ノ志業《しげふ》タリ。

詔勅の大意は「私が思ふに、国運の発展は平和によつて実現することができ、その平和を何時までも保つていくことは、私が皇祖より継承してきた使命であつて、即位以来、志すところの事業である。清国との間で様々な行き違ひが生じ、清国の不法に対して私はやむなく戦ひを宣言したのである（謹略）出征した将兵は節度ある行動で我が軍の名声を博し、外交の政務は敏速に小気味よく役割を果たし、もつて我が国の武威と栄誉を内外に宣揚した（謹略）私は清国と講和について談判し（謹略）私が望む平和は回復し、戦勝国たる栄誉を世界に輝かすことができたのも、全国民が力を合はせて遺漏のない功績を収めたからである（謹略）戦勝後の国民に私の志を告げて、将来の日本の進路を明らかにしようと思ふ（謹略）努めて驕りやすんずることを戒め、謙虚で高ぶらないことを第一とし、ますます軍事を整へて軍隊の名を汚さぬやうに、ますます教化を振興して文事に拘泥することなく、上下の者が心を一つにして、各自業務に精励し、永遠の富国強兵の基礎を構築することを望む（謹略）講和条約の文書を交換したのちは、以前の交友に還り、隣国の交誼がいよいよ親密になるやうにすべきである」である。

日清開戦以来、数々の戦果を挙げ、連戦連勝の皇軍であつた。かうした戦況により、清国は屈服して和を請うてきた。我が国の伊藤博文、陸奥宗光と全権大臣・李鴻章との間で講和条約の交渉が行はれ、「朝鮮の独立承認、遼東半島の割譲、台湾・澎湖島の領有、二億両の賠償金」などの諸条件で、明治二十八年、下関講和条約を締結した。日清戦争の勝利は、我が国の国威を一気に高めたのである。

遼東還附の詔（謹抄・明治二十八年五月十日『官報』）

朕《ちん》カ恒《つね》ニ平和《へいわ》ニ眷々《けん〱》タルヲ以《もつ》テシテ、竟《つひ》ニ清國《しんこく》ト兵《へい》ヲ交《まじ》フルニ至《いた》リシモノ、洵《まこと》に東洋《とうやう》ノ平和《へいわ》ヲシテ、永遠《えいゑん》ニ鞏固《きようこ》ナラシメムトスルノ目的《もくてき》ニ外《ほか》ナラス。

詔勅の大意は「露西亜、独逸及び仏蘭西は、我が国が遼東半島を永く所領することは東洋永遠の平和に害があるとし、我が国にこの土地を永く保有してはならないと勧告してきた。顧みれば、私が常に平和を願ひつつも、止むなく清国と戦火を交へたのも東洋の平和を永く強固にしようとの目的であつた（謹略）外交の手数を増し外交上の時局を多難にし、平和の回復を長引かせ、国民生活の労苦を重くし、国家の発展を阻むことは、私の御心に非ず（謹略）現在の大局に目を開け世界の動向に合はせ寛大な度量で当面の問題を裁いていくことは、我が国の栄誉と威厳を損ずるものではない。私は友誼国の勧告に従ひ、三国政府の勧告に応じる意思があることを返答した」である。

前記の「戦勝後國民に下し給へる勅語」渙発以降、露西亜は仏蘭西、独逸を説得して味方に引き入れ、「日本が遼東半島を領有したことで亜細亜の平和・安定が乱される」との勝手な理由（露西亜の亜細亜侵略計画を隠しながら）をつけて、この勧告に従はない場合は軍事力を行使すると威嚇してきた。常に亜細亜の平和と安定を願ふ日本にとつて迷惑千万な話である。しかし、我が国の現状、時勢の大局を考慮して遼東半島の返還を決められたのであつた。これは露西亜、仏蘭西、独逸に屈服したといふよりも、一時的に妥協した賢明な策であつたといへよう。これ以降、「臥薪嘗胆」を合言葉として国民が心を一つに露西亜への雪辱を誓ひあつたのである。

改訂新條約實施に付き下し給へる詔（謹抄・明治三十二年六月三十日『官報』）

開國《かいこく》ノ國是《こくぜ》ニ恪遵《かくじゅん》シ、億兆心《おくてうこころ》ヲ一《いつ》ニシテ、善《よ》ク遠人《ゑんじん》ニ交《まじは》リ、國民《こくみん》ノ品位《ひんゐ》ヲ保《たも》チ、帝國《ていこく》ノ光輝《くわうき》ヲ發揚《はつやう》スルニ努《つと》メムコトヲ庶幾《こひねが》フ。

詔の大意は「私は皇祖皇宗が遺された教へにより、政治の根本を固め善政を布き民を善導してきた。国内は国運を発展させ、国外は諸外国との交友を厚くしてきた。さうして、私の長年の強い願ひであつた安政条約の改正は、代案を作り交渉を重ね、遂に条約を締結した諸国と合意を得ることができた。ここで実行に及んで我が国の責任が重くなるとともに諸国との交友の基礎が強固になつたことは、心から喜ばしいことである。私は忠実に公に奉ずる国民が、私の思ふところをよく心得て、開国の方針を遵守し、国民が心を一つにして外人と善く交はり、国民の品位を保持し国威を広く宣揚するやうに切望する。わが朝廷に在る諸臣は、新条約を施行する責任を負ひ、諸役人を戒め、慎重な態度で諸事を遺漏なく行ひ、国内外の民が均しく恩恵を受けて不平なきやうにし、諸外国との親交が永久に強固となるやうにせよ」である。

幕末（安政年間）に江戸幕府が、欧米諸国と締結した諸条約の内容は一方的な不平等条約であつた。明治御一新後、我が国の隆盛と自主独立を目指すうへでも対等な条約に改正するやう交渉を重ねてきた。しかし、なかなか実現することができなかつた。かうした困難な外交交渉が続く中、やうやく明治二十七年に陸奥宗光外務大臣が英吉利との交渉で不平等条約を廃棄して、対等な条約を締結することができたのであつた。この成果に続いて諸外国との間で締結されてゐた不平等条約を改め、念願であつた世界各国と対等な位置に立つことができるやうになつたのである。

露國に對する宣戰の詔書（謹抄・明治三十七年二月十日『官報』）

惟《おも》フニ文明《ぶんめい》ヲ平和《へいわ》ニ求《もと》メ、列國《れつこく》ト友誼《いうぎ》ヲ篤《あつ》クシテ、以《もつ》テ東洋《とうやう》ノ治安《ちあん》ヲ永遠《えいゑん》ニ維持《いぢ》シ、各《かく》國《こく》ノ權利《けんり》利益《りえき》ヲ損傷《そんしやう》セスシテ、永《なが》ク帝國《ていこく》ノ安全《あんぜん》ヲ將來《しやうらい》ニ保障《ほしやう》スヘキ事態《じたい》ヲ確立《かくりつ》スルハ、朕夙《ちんつと》ニ以《もつ》テ國交《こくかう》ノ要義《えうぎ》ト爲《な》シ、旦暮《たんぼ》敢《あへ》テ違《たが》ハサラムコトヲ期《き》ス。

詔書の大意は「（謹略）私はここに露西亜に対して開戦することを宣布する（謹略）思ふに

文明の進歩は平和のうちに求め、諸外国との交友を厚くし、それにより亜細亜の安寧平和を永く保ち、諸国の権益を損じないやうに、永久に我が国の安全を保障する事態を確立することは、私は前から諸外国と交際するうへで最も大事な道理であるとして（謹略）今不幸に露西亜と不和が生じて開戦するにいたつた。どうしてこれが私の志であらうか。決してさうではない（謹略）韓国が安全に存立するか、滅亡するかといふことは、実に我が国の安否に関係するところである（謹略）露西亜は清国との間の約束や列国に対して幾度もした宣言にも拘はらず、満洲を占拠して、立場を一層強固にし、これを併合しようとしてゐる。もし満洲が露西亜に領有されれば、韓国の安全は保持できず、東洋の平和も望むことができない（謹略）平和を永久に保たうと期待し、露西亜に対して事の解決の意見を提出して半年の期間、幾度も協議を重ねたが、露西亜はこの提議を迎へようとはせず（謹略）露西亜には最初から平和愛好の精神を少しも認めることができない。露西亜は我が国の提議を受け入れず、韓国の安全は危機的状況になり、我が国の権益も侵害されようとしてゐる（謹略）私は国民の誠心と勇武を信頼して、一日も速やかに平和を回復し、我が国の栄誉を保つことを期する」である。

露西亜は三国干渉以降、満洲、朝鮮半島へ侵略の魔の手を伸ばしてきた。北進事変の勃発を境に多くの軍隊を満洲へ派遣し、全土を占領しようと目論んでゐた。このやうな危機的状況に我が国は露西亜に対して満洲からの撤退を要求したが、黙殺して聞き入れようとせず、さらに鴨緑江を越えて朝鮮国の独立を妨げようとしてゐた。我が国は平和愛好に基づいた外交精神を重んじてをり、伝統精神の一つである「言向け和す」精神に基づいた平和手段による解決を目指して外交政策を展開してきた。しかし、露西亜は一向に侵略の牙を収める意思がないことがわかると、東亜の安定、平和のため、自存自衛の必要上から露西亜に対して宣戦を布告することになつた。そのときに渙発された詔書である。

平和克復の詔（謹抄・明治三十八年十月十六日『官報』）

朕《ちん》、東洋《とうやう》ノ治平《ちへい》ヲ維持《いぢ》シ、帝國《ていこく》ノ安全《あんぜん》ヲ保障《ほしやう》スルヲ以《もつ》テ國交《こくかう》ノ要義《えうぎ》ト爲《な》シ、夙夜《しゆくや》懈《おこた》ラス、以《もつ》テ皇猷《くわういう》ヲ光顯《くわうけん》スル所以《ゆゑん》ヲ念《おも》フ。

詔の大意は「私は、東洋の平和を永く保ち、我が国の安全を保障することを外交政策の基本方針とし、朝夕怠ることなく、この天業を宣揚していきたいと思ふ。しかし、不幸にして露西亜と開戦するにいたつたことは、まさに国を守る自衛の必要から出たものであり、やむを得ないことであつた。（謹略）国の軍事政策、国内外の設備について、その緊急性のあるものとさうでないものの順序を間違へず、すべての国民がよく倹約してよく働き、国費負担の任務を果たし、必要な費用を供給して、国が一丸となり、大業を助けて、我が国の栄誉と武威を世界に宣揚したのである（謹略）亜米利加大統領の人道を大事に、平和を重んずる心から、日露両国に勧告したのは、講和による話し合ひのことで、私はこれを好意的に了解し、大統領の忠告を受け入れて、全権委員を任命して、交渉にあたらせた（謹略）我が国が申し入れた事柄で、当初から戦争の目的となつてゐたものと、東洋の平和と安定に必要なこととについては、露西亜がこの要求に応じ、さうして和平を望む心を明確にしたのである（謹略）思ふに世の進歩は少しも休んでゐない。国内外の政治は、一日も怠らないことが大事である。戦争が終はつてもますます軍備を充実し、戦ひに勝つた後にはさらに教化を流布することで始めて国家の栄光を永久に維持し、国家の進運を永く保つことができよう。戦勝に驕り抑制することを知らず、怠慢の意思が表れるやうなことは、深く戒めなければならない」である。

日露戦争の戦端が開かれてから旅順攻囲戦、日本海海戦など輝かしい戦果を挙げることによつて我が軍が戦ひを優勢に展開してゐた。亜米利加のルーズベルト大統領の斡旋により明治三十八年、ポーツマス講和条約が締結されたことで、我が国は露西亜に勝利することができた。主な条約内容は、「日本の朝鮮半島に於ける優越権を認める、樺太北緯五十度以南の領土を永久に日本へ譲渡する、東清鉄道の内、旅順―長春間の南満洲支線、付属地の炭鉱の租借権を日本へ譲渡する」などであつた。

日露戦争が欧米白人勢力による亜細亜占領の軛から民族の解放、諸国独立への道を開くきつかけとなつたことは歴史的に証明されてゐる。かうしたことは孫文など数多くの亜細亜解放を目指した志士たちも認めてゐる。日本の勝利が、どれだけ多くの亜細亜諸国の民族に希望と勇気を与へたことであらうか。世界史に燦然と輝く金字塔として未来永劫、我が民族の誇りとして語り継がれていくことが大事である。

戊申詔書（謹抄・明治四十一年十月十三日『官報』）

朕惟《ちんおも》フニ、方今人文日《ほうこんじんぶんひ》ニ就《な》リ、月《つき》ニ将《すす》ミ、東西相倚《とうざいあひよ》リ、彼此相済《ひしあひな》シ、以《もつ》テ其《そ》ノ福利《ふくり》ヲ共《とも》ニス。朕《ちん》ハ爰《ここ》ニ益〻國交《ますますこくかう》ヲ修《をさ》メ、友義《いうぎ》ヲ惇《あつう》シ、列國《れつこく》ト與《とも》ニ永《なが》ク其《そ》ノ慶《けい》ニ頼《よ》ラムコトヲ期《き》ス。

詔書の大意は「私が思ふに、今の世は文化が日進月歩で、東洋と西洋が互ひに協力し合ひ、福利を共に受けてゐる。私はますます外国と親交を結び道義を重んじ、諸外国と共に永く慶福に与りたいと願ふ。日進月歩の大勢に伴ひ、文明の恩恵に与らうとするためには、内において国力の発展が肝要である。戦後未だ日が浅く、諸政治をますます拡張しないといけない。どうか全国民が心を一つにして、真面目に業務に尽し、倹約して生計を豊かにし、信義を守り、義理人情の風俗を作り、華美なことを避けて質素にするやうに、お互ひが怠慢にならないやうに戒め、自ら弛まないやうにすべきだ。そもそも我が神聖なる皇祖皇宗の教へと、我が美しい国史の事績とは、日星のやうに燦然と輝いてゐる。これをよく守り誠心を尽くして励んだならば、国運の発展する大本は、すぐ身近なところにある。私は今の時勢に対して、我が忠実な国民が助けてくれることを頼りとして、御一新の大計を宣揚し、皇祖皇宗の威徳をうけつぎ、さらに一層高めることを念願してゐる。国民は私の思ふところをよく心得ておくやうに」である。
この詔書が渙発された明治四十一年は、干支の戊申の年に当たることから戊申詔書と称されてゐる。また詔書の中で、勤倹を強く奨励されてゐることから「勤倹の詔書」とも申し上げられてゐた。日露戦争の歴史的な大勝利の後、贅沢に耽り軽薄な精神に流される世相であつたことから、厳格高尚だつた日本人の道義道徳や国民生活の精神状況が退廃し、社会主義思想が流入し始めたことなど様々な諸要因が重なり社会全体に悪影響を及ぼしてゐた。このやうな社会状況を一変して、正しい国民道徳教化に基づいた健全な世に修復するため詔書が渙発された経緯があつた。「戊申詔書」は「教育勅語」「軍人勅諭」と並び国民道徳教化に関して、重要な役割を果たしてきたとともに日本精神の基本的指針とされてきたのである。もちろん今の世でも学ばなければならない大事な詔書の一つだといへよう。

韓國併合に付き下し給へる詔書（謹抄・明治四十三年八月二十九日『官報』）

東洋《とうやう》ノ平和《へいわ》ハ、之《これ》ニ依《よ》リテ愈〻《いよいよ》其《そ》ノ基礎《きそ》ヲ鞏固《きようこ》ニスヘキハ、朕《ちん》ノ信《しん》シテ疑《うたが》ハサル所《ところ》ナリ。

詔書の大意は「私は東洋の平和を永く保ち、我が国の安全を将来に保障する必要性を思ひ、また常に韓国が我が国難の原因であることを顧みて、明治三十八年末に我が政府をして韓国政府と協定を結ぶことで、韓国を保護国とし、禍の原因を断ち、永く平和を維持しようと期するのである。日韓協定を締結後、四年余りが経過した。我が政府は韓国施政の改善に努め、見るべき成果があがつたが、韓国の現状は未だ国が治まり民の安寧を保つことが完全ではない（謹略）現状の政治体制を根本から改革せねばならないことが、一目瞭然となつたのである（謹略）韓国皇帝陛下及び皇族の各員は併合後であつても相応の優遇を受けるべく、韓国民衆も直接、私の安んじいたはる統治のもとであらゆる幸福を増進させるべく（謹略）東洋の平和は、この併合によつてその基礎がますます強固となるであらうことは、私の信じて疑はないところである。私は今日、朝鮮総督府を設置し、そこで私の命を承けて陸海軍を統率し、政治諸般を統括させることとした（謹略）」である。

明治三十八年、我が国は韓国の独立、東亜の平和安定の理想実現のため韓国を保護国とし、統監府を開設して政治を善導してきた。地政学的に朝鮮半島は、我が国にとつて祖国防衛の生命線ともいへ、押し寄せる露西亜の侵略から如何に朝鮮半島を守り独立させるかが、我が国の抱へる大きな外交課題のひとつであつた。東亜全体の平和と安定を維持していくには、韓国を併合して同じ国として統治していく必要性を認識し、総督府を設置して統治することになつた。そのときに下しなされた詔書である。そして、併合するにあたり李王、王族に対して優遇の詔書、朝鮮国民に対して大赦減租の詔書を賜つてをられる。

また内田良平など多くの志士たちが、亜細亜の平和と安定を願ひ、亜細亜主義思想に基づいた実践運動として、日本と韓国が同じ国として合邦する「日韓合邦運動」を展開してきた歴史も忘れてはいけない。

大正時代

第百二十三代　大正天皇

御践祚後朝見の御儀に於て下されし勅語（謹抄・大正元年七月三十一日『官報』）

朕《ちん》俄《にはか》ニ大喪《たいさう》ニ遇《あ》ヒ、哀痛《あいつう》極《きはま》リ罔《な》シ。但《た》タ皇位《くわうゐ》一日《いちにち》モ曠《むなし》クスヘカラス。國政《こくせい》須臾《しゆゆ》モ廢《はい》スヘカラサルヲ以《もつ》テ、朕《ちん》ハ茲《ここ》ニ践祚《せんそ》ノ式《しき》ヲ行《おこな》ヘリ。

勅語の大意を段ごとに謹解していく。

一段目は「私は、俄かに天皇の崩御にあひ、哀しみ痛むこと極まりないが、皇位は一日も空けることができず、国の政治は僅かの間も廃することができないので、私はここに践祚の儀式を行つた」である。

二段目は「思ふに、先代の天皇は聡明な資質をもつて維新の時運にあたり、すべての政治を自ら執り行はれ、国内を治めて奮ひ起こし、外交を盛んにして、憲法、皇室典範を制定し皇祖の教へを明らかにし、礼式をひろめて、すべての国民を愛されたのである。文教が普及し軍備が整備されすべての功績が現れて、国威が大いに高まつた。その盛徳と鴻業は、国民が尊敬し外国が認識してゐる。国史上、今まで前例のないことである」である。

三段目は「私は今、万世一系の皇位につき、国を治める大権を継承した。皇祖皇宗の広大な計画に従ひ、憲法によつて、行使に間違ひがないやうにし、明治天皇の遺された事業を失墜させぬやうにしたい。政治を司るものは明治天皇に尽した通り私に仕へ、国民も協同して忠誠を尽すやうにせよ。皆は、私の意を心得て、私がなすことをすすめ行はしめるやうにせよ」である。

明治四十五年七月三十日、偉大な明治天皇が崩御。同日に嘉仁親王が践祚あそばされて元号を大正と改元された。翌日、宮中において朝見の儀を執り行はれ、多くの臣下に対して、この勅語を賜はれたのであつた。勅語から大正の新しい御代を迎へるにあたり、明治天皇の偉大な聖業を継承して、国民と共に力を合はせて、仁慈深きまつりごとを執り行つていきたいとの有難き大御心を拝することができる。

獨逸國に對する宣戰の詔書（謹抄・大正三年八月二十三日『官報』）

天祐《てんいう》ヲ保有《ほいう》シ萬世一系《ばんせいいつけい》ノ皇祚《くわうそ》ヲ踐《ふ》メル大日本國皇帝《だいにつぽんこくくわうてい》ハ、忠實勇武《ちゆうじつゆうぶ》ナル汝有衆《なんぢいうしゆう》ニ示《しめ》ス。

詔書の大意を段ごとに謹解していく。一段目は「天神の御加護のもと万世一系の皇位に即位した大日本国天皇は、忠義に厚く勇敢なる全国民に示す。私はここに独逸国に対して宣戦布告する。私が統帥する陸海軍は持てる力を発揮して戦ひの務めに精励すべく、私の官吏も職務に励み、戦ひにおける国の目的を達成するやう努めてほしい。国際条約の範囲内で認められた手段を尽し、作戦上の誤算がないやうにせよ」である。

二段目は「私は欧州の戦争の禍を深く憂へてをり、専ら我が国は中立の立場を守り、常に亜細亜の平和、安定を念願してゐた。しかし独逸国の行動は、つひに私の同盟国である英吉利国に対して開戦しなければならない状態にいたらしめ、租借地、膠州湾においても日夜戦争の準備を進め、その艦艇はしきりに東亜の海に出没し、我が国及び同盟国たる英吉利の通商貿易は威圧をうけ、極東の平和は危機的状況にあつた」である。

三段目は「ここにおいて我が国政府と英吉利国皇帝の政府とは、お互ひ隔てのない協議を行ひ、両国は日英同盟の予期してゐたすべての利益を守るため、必要とする措置を執ることで一致した。私はこの目的を達成しようとするにあたり、なほ努めて平和的手段を用ゐることを欲し、まづ我が国は誠意をもつて独逸国に対して勧告を出した。しかし期日が来ても、独逸国から何の回答もなかつた」である。

四段目は「私は即位して以来、まだ少しの年月しか経過してゐない。かつ、今は昭憲皇太后の喪服中である。平素から平和を心から希つてゐたが、遂にやむなく宣戦布告にいたつたことは、私の深く遺憾に思つてゐるところである。私は全国民の忠実で勇敢なることを頼りとし、速やかに平和を回復して我が国の栄誉を宣揚することを期してゐる」である。

大正三年六月、セルビアの一青年が墺太利国のフェルディナント大公を暗殺する事件が起きた。この件を機に欧州発、史上初となる世界大戦へと発展していくことになつた。独逸国の度重なる我が国の商船への妨害行為が起こり、亜細亜の平和安定に及ぼす悪影響が懸念されてゐた。さうした情勢の折、英吉利国と同盟を結んでゐたこともあり、我が国へ援助を求める要請があつた。我が国は独逸国に対して最後通牒を送つた。しかし、回答を返さず無視したことから、やむなく参戦を宣告する詔書が渙発されたのである。詔書から皇道政治の基本である「言向け和す」精神（最後まで平和愛好に基いた解決策を探るが、聞き入れぬ場合はやむなく正義の武力を使はざるをえない）を拝することができる。

卽位禮當日紫宸殿の御儀に於て下されし勅語（謹抄・大正四年十一月十日『官報』）

朕《ちん》、祖宗《そそう》ノ遺烈《ゐれつ》ヲ承《う》ケ、惟神《かむながら》ノ寶祚《はうそ》ヲ踐《ふ》ミ、爰《ここ》ニ卽位《そくゐ》ノ禮《れい》ヲ行《おこな》ヒ、普《あまね》ク爾臣民《なんぢしんみん》ニ誥《つ》ク。

勅語の大意を段ごとに謹解していく。

一段目は「私は、皇祖皇宗の行はれた聖業を継承して、神代から伝はつてきた天皇の御位につき、ここに即位の礼を執り行ひ、ひろくすべての国民に宣旨する」である。

二段目は「私が思ふに、皇祖皇宗が国の肇めの基本を建てられ、歴代天皇が皇位を継ぎ恵みを施されて、天壌無窮の神勅によつて万世一系の皇位を伝へ、三種の神器を奉じて、この国を治め、皇化を宣布して、全国民を慈しまれた。全国民は、代々相次いで忠誠心を捧げて公のために尽した。義とは則ち君臣であつて、情はなほ父子の如く、世界中にない素晴らしい国体をつくつたのである」である。

三段目は「亡き御父の明治天皇は維新により盛運を開き、開国の方針を定め、祖先からの教へを受け継ぎ、永久不変の憲法を制定し、歴代天皇の計画をひろめて、前例のない偉大な事業を建てられた。その聖徳は天下を覆ひ、仁恵は全国に普く及びうるほしたのである」である。

四段目は「私は今、偉大な功業を継ぎ、遺された規範に従つて、国内の基を固くして永く盤石な安定を図り、国外では、外交を厚くしてお互ひ和平の喜びを享受しようとしてゐる。私が皇祖皇宗から負ふところの責務は極めて重い。皇祖皇宗の神霊は明らかに天からご覧になられてゐる。私は日夜畏れ慎んで尊い御位の職務を全うしようと決めてゐる。私はすべての国民が忠誠心を以て、その分を守り、精をだして業に励み、もつて皇運を扶翼することを知つてゐる。願ふところは、心を一つに力を合はせ、ますます国威を高めることである。すべての国民は、よく私の思ひを奉戴するやうに」である。

明治天皇の崩御にともなひ、大正天皇は大正四年十一月十日に即位の礼を執り行はれた。そのときに渙発された勅語である。「御践祚後朝見の御儀に於て下されし勅語」と同じく天壌無窮の神勅から明治天皇の御一新までの皇道精神を継ぎ「国安かれ民安かれ」の安寧した御代を構築しようとの徳高きまつりごとにかける強き大御心を拝することができる。

世界大戦に關する平和克復の詔書（謹抄・大正九年一月十日『官報』）

朕《ちん》ハ永《なが》ク友邦《いうはう》ト偕《とも》ニ和平《わへい》ノ慶《けい》ニ頼《よ》リ、休明《きうめい》ノ澤《たく》ヲ同《おな》クセムコトヲ期《き》シ、朕《ちん》カ忠良《ちゆうりやう》ナル臣《しん》民《みん》ノ一心協力《いつしんけふりよく》ニ倚藉《いしや》シ、衆庶《しゆうしよ》ノ康福《かうふく》ヲ充足《じゆうそく》シ、文明《ぶんめい》ノ風化《ふうくわ》ヲ廣敷《くわうふ》シ、益〻《ますく》祖宗《そそう》ノ洪業《こうげふ》ヲ光恢《くわうくわい》セムコトヲ庶幾《こひねが》フ。

詔書の大意を段ごとに謹解していく。一段目は「私が考へるに、今回の世界大戦は、五年にわたつて戦火が交へられ、世界を恐怖に陥れた。しかし、我が連合諸国の、勇戦奮闘したその威力により、戦気を一掃し、平和に復することにいたつたことは、私の最も喜ぶところである」である。

二段目は「今、大戦後の事態を収拾し、安寧した将来を計画していくには、固より友好諸国の一致協力した治安維持が必要である。先に仏蘭西国で講和会議が開かれ、私は全権委員を派遣し、その協議に参加せしめたが、永久平和に関する新協定が成立して国際連盟の基本が固められた。これは私の心から満足するところであるとともに、今後ますます我が国の責任が重大になつたことを感じてゐる」である。

三段目は「今や世界の情勢が一変し、時局が大きく変化した。このときこそ各自が奮闘努力して、時局の流れに順応した道を考へるときである。すべての国民は、深くこの点を注視し、進んでは各国の認める正道に従ひ、世界の不変の条理に頼み、国際連盟による平和の実現を願ひ、退いては慎重な態度を旨とし、派手にうはべを飾り驕り高ぶる心を誡め、我が国の実力を培ひ養つて、時代の進展と歩みを共にするやう努めることが大事である」である。四段目は「私は永く友好国と共に平和の喜びを享受し、大いに明らかな恩沢に浴したいと思つてゐるが、私の忠良なる国民の一致協力に頼り、すべての国民の幸福感を満たし、広く文明の恩恵を享受できるやうにその教化を進め、ますます祖宗の大業を輝かし広めることを願ふ。すべての国民はよく私の思ひを理解してほしい」である。

日英同盟に基づき参戦した我が国だが、青島、南洋諸島を陥れ地中海へ艦隊を派遣するなど多方面に活動して、輝かしい戦果ををさめた。独逸国が降伏し、大正八年、パリに於いて講和会議が開催されたことで、約五年にわたる史上初の世界大戦が終結した。戦勝国の一国であつた我が国に対して、講和条約では、「青島における独逸国の統治権を日本へ移譲すること、南洋諸島及びマーシャル群島の委任統治権」などが認められたのである。戦後、亜米利加のウィルソン大統領の提唱により結成された国際連盟（亜米利加は提唱しながら国内事情により不参加）では、常任理事国として発言権を得たことにより、五大国の一国として世界に輝かしい国威を発揚していくのであつた。

（攝政御名）　**皇都復興に關する詔書**（**謹抄・大正十二年九月十二日『官報』**）

朕《ちん》、神聖《しんせい》ナル祖宗《そそう》ノ洪範《こうはん》ヲ紹《つ》キ、光輝《くわうき》アル國史《こくし》ノ成跡《せいせき》ニ鑑《かんが》ミ、皇考中興《くわうかうちゆうこう》ノ宏謨《くわうぼ》ヲ繼承《けいしよう》シテ、肯《あへ》テ愆《あやま》ラサラムコトヲ庶幾《しよき》シ、夙夜《しゆくや》競業《きようげふ》トシテ治《ち》ヲ圖《はか》リ、幸《さいはひ》ニ祖宗《そそう》ノ神佑《しんいう》ト國《こく》民《みん》ノ協力《けふりよく》トニ頼《よ》リ、世界空前《せかいくうぜん》ノ大戰《たいせん》ニ處《しよ》シ、尚克《なほよ》ク小康《せうかう》ヲ保《たも》ツヲ得《え》タリ。

詔書の大意を段ごとに謹解していく。一段目は、「私は、尊い皇祖皇宗が伝へられてきた大法を継承し、素晴らしい国史の事績を手本として、明治天皇が維新によつて国の政治を再興された事業を継承し、これを誤らないやうに願ひつつ、一日中畏み謹んで、国を治めることに励んだが、幸ひに皇祖皇宗の助けと国民の協力により、今まで一度もなかつた世界大戦に対応して、少しの間は安寧を保つことができるやうになつた」である。

二段目は「しかし、思ひがけない九月一日の大地震は突如として起こり、その震動は極めて激しく、家屋の倒壊、男女の惨死が幾万に及ぶのかわからない。その上火災が四方に発生し、火焔が天にのぼり、京浜その他の市町村が一夜にして焼け野原となつた。この間、交通機関は途絶え、そのために流言飛語が盛んに伝はり、人心をおどおどさせ、ますますその惨害を大きくした。これを安政当時の震災に比べると、それより凄惨だつたと思はれる」である。

三段目は「私は深く自ら戒め慎んでゐるけれど、思ふに天変地異は人の力では予防し難く、ただ速やかに人事を尽して、民の心を安定させる一つの道があるのみだ。凡そ非常事態に際しては、非常の決断がなければならない。もし平時の規則に拘つてゐて、活用することを悟らず、急を要することを行はず前後を誤り、或は個人や会社の利益を守るために、多くの被災した国民の安全を脅かすことがあれば、人心の動揺は止まるところを知らないやうになる。私はこのことを深く心配し、既に朝廷にゐる官吏に命じ、速やかに救済する方法を考へさせ、眉へ火がつくほどの急をすくつて、深い慈しみの成果を挙げようと思ふ」である。

四段目は「そもそも東京は、我が国の首都にして政治経済の中心となり、国民文化の源となつて、多くの国民が仰ぎ見るところである。一度思ひがけない災にかかつて、今ではその原形が残つてゐないけれども、依然として我が国の首都としての地位を失ふものではない。これをもつてその善後策は、ただ元通りに復興するだけではなく、進んで将来の発展をはかり、町の体裁を新しくしなければならない」である。

五段目は「思ふに、我が忠良なる国民は、義勇奉公し、私と共にその慶びをうけることを望むであらう。このことを考へて、私は大臣に命じ、早急に特殊機関を設置して、帝都復興の件を審議調査して、その法案は枢密院に諮詢し国会に諮り計画を実行し、万が一にも誤りがないやうにしたいと思ふ」である。

六段目は「朝廷に奉仕する官吏は、よく我が心を心とし、迅速に被災民の救護にかかり、厳しく流言を禁じ、民の心を安定させ、一般国民も政府の実行することを助けて、奉公の真心を表し、国を興す基本を固めなければならない。私は、今までにない天災に遭つて、国民を憐れむ心はいよいよ切実で、寝食も安らかにできない。すべての国民は、よく私の心をとどめておくやうにしてほしい」である。

大正十二年九月一日、関東一帯に未曾有の大震災が発生して、帝都・東京を始め甚大な被害をもたらした。被災状況は死者、行方不明者合はせて約十万五千余名、全壊、焼失家屋が約三十万戸と凄惨な事態に見舞はれた。被害に遭つた民を按じ、不安に見舞はれる心を祭してをられる大御心を拝することができ、速やかに復旧に向けた対応をして安寧した世を取り戻すとともに国民生活を安定させるやうに仰せられた詔書である。

（摂政御名）**國民精神作興に關する詔書**（**謹抄・大正十二年十一月十日『官報』**）

朕《ちん》惟《おも》フニ國家《こくか》興隆《こうりゅう》ノ本《もと》ハ、國民精神《こくみんせいしん》ノ剛健《がうけん》ニ在《あ》リ。之《これ》ヲ涵養《かんやう》シ、之《これ》ヲ振作《しんさく》シテ、以《もつ》テ國《こく》本《ほん》ヲ固《かた》クセサルヘカラス。是《ここ》ヲ以《もつ》テ、先帝《せんてい》意《い》ヲ教育《けういく》ニ留《とゞ》メサセラレ、國體《こくたい》ニ基《もと》キ、淵源《えんげん》ニ遡《さかのぼ》リ、皇祖《くわうそ》皇宗《くわうそう》ノ遺訓《いくん》ヲ掲《か》ケテ、其《そ》ノ大綱《たいかう》ヲ昭示《せうじ》シタマヒ、後又臣民《のちまたしんみん》ニ詔《みことのり》シテ、忠實勤倹《じつきんけん》ヲ勸《つと》メ、信義《しんぎ》ノ訓《をしへ》ヲ申《かさ》ネテ、荒怠《くわうたい》ノ誡《いましめ》ヲ垂《た》レタマヘリ。

詔書の大意を段ごとに謹解していく。一段目は「私が思ふに、国家が栄える基本は、強くて健全な国民精神である。これを養成し奮ひ起こして、国の大本を強固にしなければならない。明治天皇は教育に御心を注がれ、国柄に基づき原初に還り、皇祖皇宗の教へを掲げてその大本を明示され、その後、国民に対し詔によつて、真面目な心で仕事に励み節約につとめるやう勧められ、信義の教へを仰せられて、怠慢にならぬやうに戒められた」である。

二段目は「これはみな、道徳を尊重して、国民精神を養成し奮ひ起こさうとする御理想にほかならない。これから時流の方向が定まり、良き結果があらはれ、さうして国家の勢ひが盛んになつてきた。私は即位以来、日夜畏れ慎んで常にそれを受継ぎ述べようと思つてゐたのに、突然災害に遭つて、憂ひと恐れが次々にやつて来た」である。

三段目は「近頃、学問がますます開けて、人の知識も日増しに進んできた。しかし華美気侭な風習が徐々に生じ、軽挙過激な弊風も生じてきた。今のうちに悪弊を革めなければ、明治天皇の聖業を損傷してしまふのではないかと心配する。今回の震災は、被害が甚大で、文化の回復、国力の振興は、すべての国民の精神力によらないといけない。これは上下の者が協力し、奮闘しなければならないときである。心を奮ひ起こし引き締める方法は他にない。明治天皇の尊き御教へに慎み従ひて、その成果を挙げることにあるのみである。宜しく教育の根源を尊重して、知識と道徳が並行して進むやうにつとめ、綱紀を粛正し、風俗を正し励まし、浮華放縦を遠ざけ、質実剛健に進み、軽挙過激を改めて、人情に厚い穏健な考へにかへり、人の履み行ふべき道を明らかにして、お互ひ仲良くし、公共精神を守り、秩序を保ち、責任を重んじ、節約を尚び、忠孝義勇の美徳を高め、博愛共存の情を厚くし、家にあつては、慎み深く倹約につとめ、仕事に精励して、産業を治め、社会に出ては、自己の利害に偏らず、力を公や世のために尽し、さうして国家の隆盛と民族の安泰、繁栄、社会の福祉を図るやうにしなければならない。私は国民の協力によつて、いよいよ国の基本を固くし、よつて大業をひろめようと願つてゐる。すべての国民よ、このことに力を致すやうにしてほしい」である。

関東大震災により壊滅的な打撃を受けた帝都に国民の不安、動揺が広がつてゐた。一方、このときの日本は第一次世界大戦後の影響によつて経済は活況を呈し、好景気に浮かれ、私利私欲が蔓延る悪しき精神状況であつた。日本本来の思想、精神が喪失していくこの悪しき社会状況を御懸念あらせられ、国民精神の立て直しを図るために渙発されたのがこの詔書である。先人が守り伝へてきた万古不易の尊き教へをわかりやすく明示されてをり、日本民族のあるべき姿を復興するため必ず遵守しなければいけない民族精神の基本的指針が示されてゐることからも、教育勅語、戊申詔書と並ぶ尊き詔書であるといへよう。

昭和時代

第百二十四代　昭和天皇

明治節制定の詔書（昭和二年三月三日『官報』）

朕《ちん》カ皇祖考《くわうそかう》明治天皇《めいぢてんわう》、盛徳大業《せいとくたいげふ》、夙《つと》ニ曠古《くわうこ》ノ隆運《りゆううん》ヲ啓《ひら》カセタマヘリ。茲《ここ》ニ十一月三日《じふいちぐわつみつか》ヲ明治節《めいぢせつ》ト定《さだ》メ、臣民《しんみん》ト共《とも》ニ永《なが》ク天皇《てんわう》ノ遺徳《ゐとく》ヲ仰《あふ》キ、明治《めいぢ》ノ昭代《せうだい》ヲ追憶《つゐおく》スル所《ところ》アラムトス。

詔書の大意は「私の亡祖父明治天皇は、盛んに徳を施して大業を執り行ひ、早くから未曽有の隆運を啓かれた。ここに十一月三日を明治節と定め、国民と共に、永く明治天皇の聖業を仰ぎ、明治の御代を追憶していきたいと思ふ」である。

明治節制定は、国柱会創始者、田中智学の提唱から始まり国民運動に発展、二万筆の署名を集めて国会に請願した。その後、衆議院・貴族院両議会で議論されて、全会一致で建議案を可決したことから、昭和天皇より詔書が下されて、明治節が制定されることになつた。

しかし、戦後占領政策の一環により、現行祝日法が制定されて、明治節は現在の文化の日と改められてしまつた。文化の日の趣旨に「自由と平和を愛し、文化をすすめる」とうたはれてゐるが、どこかで見覚えがある文言では。日本国憲法前文の文言と相通じてゐるではないか。「自由と平和を愛し」とは、現行憲法の決まり文句であり、文化とは一体どこの国柄を指してゐるのか？　はなはだ疑問がつきまとふ文言ではないだらうかと思ふ。

本来の祝祭日とは、天長節、新嘗祭、紀元節など皇室の厳粛な祭祀や日本の建国など、天皇と国民が一体となつて祝す日である。しかし民族精神の骨抜きを目的とした戦後占領政策によつて、祝祭日の内容が変化してしまつたことは、我が民族にとり致命傷となつてゐた。その後、日本を愛する良識派が立ち上がり、昭和四十一年に建国記念の日（紀元節）や最近では「みどりの日」を「昭和の日」に制定し直したことは、戦後体制脱却の戦ひにおいて大きな戦果であつたといへよう。

現在「文化の日」を「明治の日」（明治節）に改める運動を「明治の日推進協議会」が行つてゐる。心ある同志の署名により、平成二十七年八月現在、約六十万筆集まつてゐることは、まことに嬉しい限りである。

「臣民ト共ニ、永ク天皇ノ遺徳ヲ仰ギ、明治ノ昭代ヲ追憶スル所アラントス」と仰せのやうに、我が国が興隆した明治の輝かしき御代を振り返り、今に活かすことは、戦後、占領政策により骨抜きにされた我が民族精神を取り戻す意味においても重要な指針となるとともに、明治の日を制定することは戦後体制克服の第一歩になるといへよう。

即位禮當日紫宸殿の御儀に於て下されし勅語（謹抄・昭和三年十一月十日『官報』）

朕惟《ちんおも》フニ、我《わ》カ皇祖《くわうそ》皇宗《くわうそう》、惟神《かむながら》ノ大道《たいだう》ニ遵《したが》ヒ、天業《てんげふ》ヲ經綸《けいりん》シ、萬世不易《ばんせいふえき》ノ丕基《ひき》ヲ肇《はじ》メ、一系無窮《いつけいむきゆう》ノ永祚《えいそ》ヲ傳《つた》ヘ、以《もつ》テ朕《ちん》カ躬《み》ニ逮《およ》ヘリ。朕《ちん》、祖宗《そそう》ノ威靈《ゐれい》ニ頼《よ》リ、敬《つつし》ミテ大統《たいとう》ヲ承《う》ケ、恭《うやうや》シク神器《しんき》ヲ奉《ほう》シ、茲《ここ》ニ即位《そくゐ》ノ禮《れい》ヲ行《おこな》ヒ、昭《あきらか》ニ爾有衆《なんぢいうしゆう》ニ誥《つ》ク。

昭和天皇が御即位あそばされ御統治に臨まれるにあたり、御歴代連綿と続いてきた惟神《かんながら》の道に随ひ、皇位継承の御印である三種の神器を奉戴して、大嘗祭、即位の礼を執り行ひ、万世一系の尊き皇統を継承して、正式に天皇として即位あそばされた第一声を国内外に宣せられた勅語である。

勅語では「皇祖皇宗、国ヲ建テ民ニ臨ムヤ、国ヲ以テ家ト為シ、民ヲ視ルコト子ノ如シ」と、我が国のまつりごとの基本思想を、簡明にわかりやすく仰せになられてゐる。この思想は日本だけではなく、王道政治を理想とする支那にも同じやうな思想がみられる。例へば孟子が「民の父母と為りて、政を行ふに、獣を率ゐて人を食はしむるを免れずんば、いづくんぞその民の父母たるにあらんや」と言つてゐるが、所詮は理想の思想であつた。支那の歴史を鑑みても、民の事を第一に思ふ政治を執り行つた君主はほとんどゐなかつたといへよう。

我が国の場合、君と民の間柄がよくわかる代表例として、雄略天皇が御遺詔の中で「義は乃ち君民にして、情は父子を兼ねる」と仰せになられてゐることは有名である。君は民を慈しみ、民は君を敬ふ関係で成り立つてきたことは、我が国体の誇るべきところである。我が国のまつりごとの基本は「しらす」であり、天皇が国全体の世情、民情を察したいと、常々お思ひになられてゐる。

国民のことを「おほみたから」とお呼びになられ、常に民の安寧に大御心を配られ、人類の福祉向上と世界平和の実現をお祈りあそばされてゐる皇室伝統の慈しみ深きまつりごとを、国中外に宣布あそばされようと仰せられたことは、御列聖の大御心を継承あそばされた御即位にあたつての素晴らしき勅語であると拝察するのである

國際聯盟脱退に關する詔書（謹抄・昭和八年三月二十七日『官報』）

朕《ちん》惟《おも》フニ、曩《さき》ニ世界《せかい》ノ平和《へいわ》克復《こくふく》シテ、國際聯盟《こくさいれんめい》ノ成立《せいりつ》スルヤ、皇考《くわうかう》之《これ》ヲ懌《よろこ》ヒテ、帝國《ていこく》ノ参加《さんか》ヲ命《めい》シタマヒ、朕《ちん》亦《また》遺緒《ゐしよ》ヲ繼承《けいしよう》シテ苟《いやしく》モ懈《おこた》ラス、前後《ぜんご》十有三年《じふいうさんねん》、其《そ》ノ協力《けふりよく》ニ終始《しゆうし》セリ。

詔書の大意は「私は思ふに、先の世界大戦を経て世界平和を取り戻し、国際連盟が設立されるや、先帝（大正天皇）は喜んで我が国の参加を命じられ、私は御歴代の志を継承して、慎んで怠ることなく、十三年余にわたり世界平和への協力に尽してきた。今日、満洲国の建国にあたり、我が国はその独立を尊重し、健全なる発展を促し、亜細亜の禍根を取り除き、世界平和を維持する基礎としてきた。しかし不幸にも連盟の所見は、これと乖離するもので

あつた。私は政府と共に慎重に議論したが、遂に国際連盟脱退の措置を採らしむるにいたつた。しかし、世界平和の構築は私の常に望んでゐることである。平和にかかはるすべての計画に、今後とも協力していくことに変はりはない。今や国際連盟から離れて、我が国の所信に従ふといへども、固より東亜に偏り、友好国との交誼を疎かにするものではない。ますます世界の国々と信義を篤くし、大義を全世界に宣揚することは、常に私の志とするところである。今や諸国は前例のない危機に直面し、我が国も非常の難局に遭遇してゐる。これはまさに挙国一致して意気を奮ひ起こすときである。すべての国民は、よく私の意を心に留め、互ひに文武の本分を慎み守り、全国民は各職業に精励し、向かふ所、正道を行ひ、中庸を執り、互ひに協力して邁進し、これを以て今の時局に対処し、積極的に亡き皇父・明治天皇の聖業を助け、人類の福祉に貢献していくやうにしてほしい」。

第一次世界大戦後、ウッドロウ・ウィルソン米国大統領の提唱により国際連盟が創立された。これに基づき運営の主力となる常任理事国（設立当初は日本、英吉利、仏蘭西、伊太利）が構成された。我が国は、皇道精神の理想の基づいた世界平和の理想実現に向けて積極的に協力してきた。しかし、昭和六年に柳条湖事件の勃発があり、「王道楽土」「五族協和」の理想実現を基に建国された満洲国を巡つて日華間で対立が深まつていき、国際連盟に提訴されてしまふ。昭和七年三月にリットン調査団が派遣されて現地調査が行はれ、昭和八年二月の国際連盟総会においてリットン報告書が、賛成四十二票、反対一票（日本）、棄権一票（シャム＝

現タイ）投票不参加一国（チリ）で可決されてしまひ、これを機に昭和八年三月、日本政府は正式に国際連盟を脱退することになつた。そのときに渙発された詔書である。

青少年學徒に下されし勅語（謹抄・昭和十四年五月二十二日『官報』）

國本《こくほん》ニ培《つちか》ヒ國力《こくりよく》ヲ養《やしな》ヒ、以《もつ》テ國家《こつか》隆昌《りゆうしよう》ノ氣運《きうん》ヲ永世《えいせい》ニ維持《ゐぢ》セムトスル、任《にん》タル極《きは》メテ重《おも》ク、道《みち》タル甚《はなは》ダ遠《とほ》シ。而《しかう》シテ、其《そ》ノ任實《にんじつ》ニ繫《かゝ》リテ、汝等《なんぢら》青少年學徒《せいせうねんがくと》ノ雙肩《さうけん》ニ在《あ》リ。

陸軍現役将校の学校配属が実施された十五周年の記念すべき日に、全国の学生代表が一同に集つた親閲式が皇居前広場において盛大に挙行された。その式を終へた後に青少年学徒に対し下し賜はれたときの勅語である。

勅語の大意は「国の基礎を培ひ国の力を養ひ、国家の盛んなる気運を永く維持していく任務は極めて重く、道程ははなはだ遠い。しかしてその任務は君たち青少年の両肩にかかつてゐる。君たち学徒は、気概と節度を尚び廉潔で恥を知ることを重んじ、古今の国史の史実を考へ国内外の情勢を考慮して、その見識を養ひ、行動は中庸を失はず向かふところは正道を踏み外さず、それぞれの本分を守り、学問を修得し武道に修練し、質実剛健の気概を振るひおこし、さうして次世代を背負つて立つ責任を遂行するやう心がけよ」である。

いつの世においても時代を切り拓き率先してリードしていくことが青年特有の性質である

といへ、優秀なる青少年が育つ国は国威が大いに発揚されていくのである。これからの世代を担ふ前途洋洋たる青少年学徒に賜はれた有難き勅語であつたといへよう。

紀元二千六百年紀元節に下されし詔書（謹抄・昭和十五年二月十一日『官報』）

朕惟《ちんおも》フニ、神武天皇惟神《じんむてんわうゐしん》ノ大道《たいだう》ニ遵《したが》ヒ、一系無窮《いつけいむきゆう》ノ寶祚《はうそ》ヲ繼《つ》ギ、萬世不易《ばんせいふえき》ノ丕基《ひき》ヲ定《さだ》メ、以《もつ》テ天業《てんげふ》ヲ經綸《けいりん》シタマヘリ。歴朝相承《れきてうあひう》ケ、上仁愛《かみじんあい》ノ化《くわ》ヲ以《もつ》テ下《しも》ニ及《およ》ボシ、下忠厚《しもちゆうこう》ノ俗《ぞく》ヲ以《もつ》テ上《かみ》ニ奉《ほう》ジ、君民一體《くんみんいつたい》以《もつ》テ朕《ちん》ガ世《よ》ニ逮《およ》ビ、茲《ここ》ニ紀元二千六百年《きげんにせんろつぴやくねん》ヲ迎《むか》フ。

詔書の大意は「私が思ふに、神武天皇は惟神の道に遵ひ、万世一系の皇位を継承し、永遠に変はらない国の基礎を定めて、国家統治を行はれた。御歴代の天皇が承けつがれ、天皇は仁愛の徳をもつて民を教へ導かれ、国民は忠孝の良俗をもつて公に奉公し、君と民が一体となつて私の世にいたり、ここに紀元二千六百年を迎へた。この非常時局にあたり、紀元節の喜ばしい日を迎へた。すべての国民よ、宜しく神武天皇の建国創業に思ひをはせ、皇国の理想は遠大であり計画は雄大であつたことを考へ、心から親しみあつて協力し、ますます国体の特徴をあらはし、時局の困難を克服し、そして国威の宣揚に勤しみ、皇祖皇宗の御霊に報い奉るやうに心がけてほしい」である。

昭和十五年は神武天皇が橿原宮において建国されてから二千六百年の記念すべき年であつ

た。紀元の佳節を迎へたこの年は国内外で様々な問題が山積してをり、何としても国難を突破して正しい皇道精神を世界に宣布していくためにも神武建国の理想に立ち還る必要性があつた。紀元二千六百年を機に神武御東征から橿原宮建国にいたる古の国史に思ひを馳せ、正しいまつりごとに基づく安寧した世を構築していく民族的大使命を実現していくため、天皇と国民が協力連携して国内の政治を正し、そして世界に向けて大いに皇道精神を発揚していくやうにとの大御心を拝することができる。

日獨伊三國條約成立に際して下されし詔書（謹抄・昭和十五年九月二十七日『官報』）
大義《たいぎ》ヲ八紘《はつくわう》ニ宣揚《せんやう》シ、坤輿《こんよ》ヲ一宇《いちう》タラシムルハ、實《じつ》ニ皇祖《くわうそ》皇宗《くわうそう》ノ大訓《たいくん》ニシテ、朕《ちん》ガ夙《しゆく》夜《や》眷々《けんけん》措《お》カザル所《ところ》ナリ。而《しか》シテ今《いま》ヤ世局《せいきよく》ハ、其《そ》ノ騒亂底止《さうらんていし》スル所《ところ》ヲ知《し》ラズ、人類《じんるゐ》ノ蒙《かうむ》ルベキ禍患《くわくわん》、亦將《またまさ》ニ測《はか》ルベカラザルモノアラントス。

詔書の大意は「大義を世界に宣揚し、一つの家族のやうにしようとすることは、まさに皇祖皇宗の偉大なる御教へであつて、私が何時も念願してやむことのないところである。今日の世情は、動乱が止むことなく続いてをり、人類が蒙る災厄も、まさに測り知ることのできないやうなものにならうとしてゐる。私は動乱を鎮め平和の状態が一日も早く訪れるやうにと深く心を悩ませてゐる。そこで政府に命じて、帝国とその志を同じくしてゐる独逸、伊太利両国と連携協力することを議論せしめ、三国間に条約が成立するやうになつたのは、私の満足するところである。思ふに世界各国それぞれがその境遇に納得するやうにし、各国民が悉く生活を安定させることは、未だ前例のない事業であつて、これを実現するには、前途が非常に遠い。すべての国民は、ますます国体の考へを明らかにし、慎重に考慮して、心を一つに協力し容易でない時局を克服して、天地と共に永久に続く皇室の運勢を助けるやうにせよ」である。

世界中にソ連の脅威が伸張していく動きに対し、共産主義勢力を阻止する目的で昭和十一年に日独防共協定が締結された。さらに伊太利を加へて昭和十五年、独逸国伯林《ベルリン》において日独伊三国同盟條約（正式名は日本國、獨逸國及伊太利國間三國條約）が締結された。そのときに渙発された詔書である。

条項の主な条文は「第一条、日本は独逸、伊太利両国の欧州における新秩序建設に関して指導的地位を認め尊重すること、第二条、独逸、伊太利両国は、日本の亜細亜における新秩序建設に関して指導的地位を認め尊重すること、第三条は、日独伊は方針に基づき互ひに協力し欧州戦争、支那紛争において同盟国が攻撃を受けた場合は、政治、経済、軍事的なあらゆる方法で援助すべきこと」である。

米國及び英國に對する宣戰の詔書（謹抄・昭和十六年十二月八日『官報』）

天佑《てんいう》ヲ保有《ほいう》シ萬世一系《ばんせいいつけい》ノ皇祚《くわうそ》ヲ践《ふ》メル大日本帝國天皇《だいにつぽんていこくてんわう》ハ、昭《あきらか》ニ忠誠勇武《ちゆうせいゆうぶ》ナル汝有衆《なんぢいうしゆう》ニ示《しめ》ス。

朕《ちん》茲《こゝ》ニ米國《べいこく》及《および》英國《えいこく》ニ對《たい》シテ戰《たゝかひ》ヲ宣《せん》ス。朕《ちん》カ陸海將兵《りくかいしやうへい》ハ、全力《ぜんりよく》ヲ奮《ふるつ》テ交戰《かうせん》ニ從事《じゆうじ》シ、朕《ちん》カ百僚有司《ひやくれういうし》ハ、勵精《れいせい》職務《しよくむ》ヲ奉行《ほうこう》シ、朕《ちん》カ衆庶《しゆうしよ》ハ、各〻《おのおの》其《そ》ノ本分《ほんぶん》ヲ盡《つく》シ、億兆一心《おくてういつしん》、國《こく》家《か》ノ總力《そうりよく》ヲ擧《あ》ケテ、征戰《せいせん》ノ目的《もくてき》ヲ達成《たつせい》スルニ遺算《ゐさん》ナカラムコトヲ期《き》セヨ。

我が国の命運をかけた重要な詔書で、大東亜戦争の開戦にあたつての経緯や戦争の大義を仰せになられてゐる。詔書で宣せられてゐる一字一句を拝読すれば、左翼勢力が言ふやうな侵略戦争ではなく、戦はざるを得ない自衛戦争であつたことが一目瞭然でわかるのだ。ここで詔書から大御心を拝察していきたい。

一段目では「天の助けをもつて万世一系の皇位を継承した大日本帝国天皇は、はつきりと、忠誠にして勇武なるすべての国民に告げる。私はここに亜米利加国及び英吉利国に対して宣戦を布告する。陸海軍の将兵は、すべての力を奮つて戦争に携はり、もろもろの役人は、精を出して職務を執り行ひ、すべての国民は、各自それぞれの持ち場で任務を果たし、全国民が心を一つにして、国家の総力を挙げて、聖戦の目的を達成するのに落ち度がないやう心を決してほしい」と仰せになられてゐる。

二段目では、米英との戦争が始まるが、挙国一致体制で、各々の本分を尽して、聖戦の目的を達成するやうに仰せられてゐる。陛下は、できるだけ外交手段により、一触即発の緊迫状態を平和的に解決するやうに命じてをられた。政府は様々な対策を講じてきたが、大御心に適ふ結果を得ることができなかつたことから、止むをえず米英国との戦端を開かざるをえなかつたのだ。一端開戦となつたからには、負けることは許されない。決まつた以上は、国民が一丸となつて戦局の勝利を得て、聖戦の大義が成就するやうに思召されてゐたのだと拝察する。

三段目では「抑〻《そもそも》東亞ノ安定ヲ確保シ、以テ世界ノ平和ニ寄與スルハ、丕顯《ひけん》ナル皇祖考……」亜細亜の安定を確保することが、世界平和に貢献することであり、皇祖の精神を継承して諸国との外交を厚くし、各国との万邦共栄の楽を共にすることは、我が国が国交の要義としてゐるところなのだと仰せられてゐる。地政学的に、東亜の情勢は日本にとり大きな影響を与へる。特に朝鮮半島の安定は日本の生命線ともいへる。当時の朝鮮半島情勢は事大主義に毒されてをり、一国としての独立運営ができてゐない結果、度々押し寄せる露西亜、清国などの侵略主義の影響を受けた。日本は朝鮮の自立援助と日本の防衛、亜細亜安定のため日清・日露戦争を戦つた。そして日露戦争における我が国の勝利は、亜細亜独立に向けて希望の光を与へ、欧米帝国主義による亜細亜植民地支配に風穴を開ける大きな歴史的偉業であつた。以降亜米利加は我が国に脅威を抱き、オレンジ計画を作成して仮想敵国と位置づけ、様々な謀略を仕掛けてくるのであつた。

四段目では「今ヤ不幸ニシテ、米英兩國ト釁端《きんたん》ヲ開クニ至ル、洵ニ已ムヲ得サルモノアリ。豈《あに》朕カ志ナラムヤ」と仰せになられてゐる。開戦前の昭和十六年九月五日に近衛首相から国策決定案についての内奏があつたとき、明治天皇の御製「よもの海みなはらからと思ふ世になど波風のたちさわぐらむ」を引き合ひにだされ、緊迫した状況を平和外交で打開するやうお諭しになられたことは有名な史実である。先ほども述べた通り、最後まで平和的解決を望まれてゐたわけであるが、御志を遂げることができなかつた。「洵ニ已ムヲ得サルモノアリ。豈朕カ志ナラムヤ」米英国と戦端を開くことになつたことは、止むをえない事由であるが、あくまでも戦争は本意ではないとの徹底した平和愛好精神の大御心を仰せになられてゐる。

五段目では「平和ノ美名ニ匿《かく》レテ、東洋制覇ノ非望ヲ逞《たくまし》ウセムトス」日本と交戦状態にあつた中華民国政府の後ろ盾となり、これを支援してゐた米国政府が亜細亜支配を狙つてゐることを的確に言及されてゐる。また昭和十四年の日米通商航海条約破棄やＡＢＣＤ包囲網による経済制裁で日本を戦争に追ひ込んだことをも仰せになられてゐる。これは明らかに宣戦布告なき戦争といふべきで、武力行使だけが戦争なのではなく、経済封鎖や交戦相手国への後方支援も戦争状態に入つてゐるといへ、すでに亜米利加が日本に対して攻撃を仕掛けてゐたことが実証されるのである。

最後の段では、この戦争は自存自衛の戦ひであり、皇祖皇宗の御加護を賜り、亜細亜の永遠の平和を確立して、皇国の栄光を保存するやうに仰せられて締めくくられてゐる。

大東亜戦争開戦の大義は「自存自衛と東亜解放」であつた。かつて『大東亜戦争肯定論』の著者・林房雄はペリーの黒船来航から日米戦争が始まつてゐたと解釈してゐた。まさにその通りであらう。戦後、多くの亜細亜諸国が欧米植民地支配の軛から脱して独立を果たしたことで、「亜細亜解放の大義」を掲げて戦つた日本の聖戦の正統性が証明されたが、これは世界史的な偉業であり、英霊の御霊に感謝しつつ、今を生きる我々が誇りとしなければならない。

終戦の詔書（謹抄・昭和二十年八月十五日『官報』）

朕、深ク世界ノ大勢ト帝國ノ現狀トニ鑑ミ、非常ノ措置ヲ以テ時局ヲ收拾セント欲シ、茲ニ忠良ナル爾臣民ニ告グ。朕ハ、帝國政府ヲシテ、米英支蘇四國ニ対シ、其ノ共同宣言ヲ受諾スル旨、通告セシメタリ。

広島、長崎への原爆投下、大都市への絨毯空爆、ソ連が日ソ中立条約を一方的に破り対日参戦と、日本を取り巻く戦況が悪化してゐる状況下、御前会議では、本土決戦か講和すべきかで意見が真つ二つに分かれてゐた。結論が出ないことから御聖断を仰ぐことになり、戦争を終結して講和を行ふ御英断を下された。八月十五日、天皇御自らラジオを通じて国民に戦争終結を宣せられた詔書である。

二段目では、「帝國ノ自存ト東亞ノ安定トヲ庶幾《しょき》スルニ出テ、他國ノ主權ヲ排シ、領土ヲ侵スガ如キハ、固ヨリ朕ガ志ニアラズ」大東亜戦争開戦の理由は、日本の自存自衛と亜細亜の解放であり、他国の主権を侵害して侵略するやうな思ひはなかつたと仰せになられてゐる。大東亜戦争が、自存自衛の戦ひであつたことは、歴史的に実証された正論である。戦争を仕掛けてきたのは、亜米利加であつた。経済封鎖は過酷を極め、特に石油の禁輸は、資源の乏しい我が国にとつては致命的となつた。さらに外交分野では、有名な「ハルノート」である。昭和天皇の大御心は、徹底した平和愛好主義であり、最後まで外交交渉で和平の道を探らうとなされてゐた。ハル国務長官から野村駐米大使に渡された「ハルノート」は国際法上認められてきた我が国の権益を奪ふ過酷な文書であり、内容は妥協できるものではなかつた。実際、インド人のパール判事が東京裁判で「このやうな過酷な要求を突きつけられたなら、ルクセンブルクやモナコの小国といへども武器を持つて立ち上がるであらう」と発言してゐる。また連合国軍最高司令官のマッカーサーも「あの戦ひは自存自衛の戦ひであつた」と米国議会上院の軍事外交合同委員会で発言してゐることから、大東亜戦争が我が国にとつて自存自衛の戦ひであつたことが歴史的に実証されたといへよう。

三段目では「敵ハ新タニ殘虐ナル爆彈ヲ使用シテ、頻《しき》リニ無辜《むこ》ヲ殺傷シ、慘害ノ及ブ所、眞ニ測ルベカラザルニ至ル」広島、長崎で人類史上初めて投下された原爆の惨劇について仰せになられてゐる。米国は原爆投下で戦争終結を早めることができたと正当化してゐる。しかし投下場所は、戦闘地域や軍事施設、基地ではなく、明らかに非軍事地帯であつた。広島原爆死没者慰霊碑の「過ちは繰返しませぬから」との碑文は、日本人の観点から見れば疑問に思ふのは当然で、心ある日本人が抗議してゐる。日本が一体、何の過ちを犯したのか。国際法を無視して非軍事施設、民家が集中してゐる地区に原爆を投下し、無辜の我が同胞を殺戮したことは、人道を無視した大量虐殺、人体実験であり、謝罪すべきは亜米利加であらう。どうみても納得できない碑文である。

四段目では「朕ハ、帝國ト共ニ終始東亞ノ解放ニ協力セル諸盟邦ニ對シ、遺憾ノ意ヲ表セザルヲ得ズ」と仰せられてゐる。昭和十八年に東京で開催された大東亜会議には、亜細亜各国の首脳が一同に会して、欧米植民地支配から亜細亜解放を目指して亜細亜各国の自立などをうたつた大東亜共同宣言を採択したことは、世界史的偉業ではないだらうか。ここで宣言を要約してみると「一、共存共栄の原則　一、自主独立親和の原則　一、創造性、文化宣揚の原則　一、経済発展の原則　一、世界進運貢献の原則」である。戦後多くの亜細亜諸国が独立したことへの、日本の果たした役割と使命は誇るべきものである。

内田良平らが天祐侠を組織して朝鮮独立を目指す東学党を支援した。また内田は露西亜の踏破調査を行ひ『露西亜亡国論』を著し対露主戦論を展開し、支那、朝鮮にも足を運び調査研究をして日韓合邦運動を行ひ、『支那観』を著すなど精緻な分析に基づく対外活動を積極的に展開した。彼らは欧米列強による植民地支配を打開し亜細亜独立運動に奔走する志士たちを支援した。また樽井藤吉の『大東合邦論』は亜細亜主義の先駆的理論として、李容九など朝鮮独立の志士たちに多大なる影響を与へたことも付け加へておきたい。

欧米列強による植民地支配を脱して、独立を勝ち取る運動を行つてゐたボース、孫文など亜細亜諸国の志士たちを支援した頭山満、内田良平など多くの先人たちの亜細亜主義に基づいた業績は、大東亜戦争の大義であつた亜細亜解放の先駆をなす行動であり、歴史的な偉業であつたといへる。

終戦後、昭和天皇がマッカーサーと会見して「私にすべての責任がある。私の身はどのやうになつてもかまはない。国民が飢ゑて苦しむことがないやうに救済してほしい」と仰せになられて、民のことを第一に考へる姿勢にマッカーサーが感動した史実は有名だ。「身はいかになるともいくさとどめけりただたふれゆく民を思ひて」昭和天皇が詠まれた御製から御列聖相伝へられてきた大御心の真髄が伝はつてくる。

年頭、國運振興の詔書（謹抄・昭和二十一年一月一日『官報』）
叡旨公明正大、又何ヲカ加ヘン。朕ハ茲ニ誓ヲ新ニシテ、國運ヲ開カント欲ス。須《すべか》ラク此ノ御趣旨ニ則リ、旧來ノ陋習ヲ去リ、民意ヲ暢達《ちやうたつ》シ、官民擧ゲテ平和主義ニ徹シ、教養豐カニ文化ヲ築キ、以テ民生ノ向上ヲ圖リ、新日本ヲ建設スベシ。
（現代語訳）明治天皇のお考へは公明正大であり、他に何を加へることがあらうか。私は誓ひを新たにして、国運を開くことを願つてゐる。この趣旨に則り、古い習慣を去つて、国民の意見を取り上げ、官民一体となつて平和主義を守り、教養を豊かにして文化を築き、民生の向上を図り、新しい日本を建設していく。

昭和二十一年に宣せられた「年頭、國運振興の詔書」（「新日本建設に関する詔書」）は、昭和の御代を振り返るときに決して忘れてはいけない詔書だと思ふ。冒頭に五箇条の御誓文を掲げられてゐることに重要な意義があると拝する。大東亜戦争後、ＧＨＱ（連合国軍最高司令部）により、国史上初めて敵国に占領されるといふ国辱に見舞はれてしまつた。しかし民族再興のときは必ず訪れる。来るべき時期には明治維新の精神に則り、君と民が一体となつて民族再興に立ち上がるやうにとの大御心が顕現されてゐるのだと拝察するのである。

戦後、我が民族はこの詔書で仰せられた大御心に添ふ、民族再興の狼煙を挙げてきたのであらうか？　残念ながら否であらう。例へば結党以来「自主憲法制定」を党是として政権の座に永らく君臨してゐる自民党だが、憲法改正を実現できてゐない。憲法だけではなく教科書問題、防衛問題、領土問題、北朝鮮による日本人拉致問題など民族再興を巡つて解決しなければならない問題が山積してゐるのが現状だ。

六年八ヶ月に及ぶ民族弱体を目的とした過酷な占領政策により、日本の素晴らしき歴史・伝統・文化、そして民族精神の根幹が骨抜きにされてしまつた。「悪性の木の種」がじわじわと深く根を張り、「敗戦占領コンプレックス」の芽が世代を超えて増殖していくことによつて、戦後体制脱却に向けた道のりが遠のくやうな危機感を持つてしまふ。

戦後焼け野原から立ち上がり、高度経済成長に伴ひ世界第二の経済大国へとのし上がつた。しかし、悲しきかな「パンを得るため魂を売つた」ことで利己主義に走り、世界からは「エコノミックアニマル」と揶揄されるなど、日本人が本来兼ね備へた高き道徳心は地に墜ち、人心は荒廃し、また社稷への想ひを忘れ自然破壊へとつながつたことによつて、民族精神を喪失してしまつた魂の空白状態を生んでしまつた戦後状態は嘆かはしいことである。

昭和四十五年十一月二十五日、市ヶ谷・陸上自衛隊東部方面総監部における三島由紀夫・森田必勝両烈士の憂国の雄たけびが、時空を超えて戦後体制のぬるま湯に浸り、今を生きる我々に問ひかけてゐるやうだ。「われわれは戰後の日本が、經濟的繁榮にうつつを拔かし、國の大本を忘れ、國民精神を失ひ、本を正さずして末に走り、その場しのぎと僞善に陷り、自ら魂の空白狀態へ落ち込んでゆくのを見た。政治は矛盾の糊塗、自己の保身、權力慾、僞善にのみ捧げられ、國家百年の大計は外國に委ね、敗戰の汚辱は拂拭されずにただごまかされ、日本人自ら日本の歷史と傳統を瀆してゆくのを、齒嚙みをしながら見てゐなければならなかつた」。三島由紀夫は見事に戦後体制の欺瞞性を見抜いてゐたのだ。

保守化の時代を迎へたといはれてゐる今日、戦後占領支配体制から抜け出して、正しい日本の姿を取り戻すため、悪しき戦後体制に風穴を開ける過渡期に、差し掛かつてゐると思ふ。

今一度、明治維新の精神に立ち戻り、「諸事神武創業之始ニ原キ」建国の精神に立ち還り、悪しき戦後占領体制と訣別し、二千六百年以上連綿と流れてきた民族悠久の国史の精神を恢復して、正統なる真の日本を取り戻す戦ひに立ち上がらうではないか。それこそが、年頭の詔書の冒頭に五箇条の御誓文を掲げ、民族再興への奮起を示された大御心に応へ奉る、我々国民の使命と役割だと思ふ。

をはりに

まづは、本書を手に取つて読んでいただいた読者諸賢に心から感謝申し上げたい。

思ひ起こせば、詔勅本と初めて出会つたのは、二十三歳くらゐのときだつたであらうか……。とある古本屋で森清人先生の著書『虔修　大日本詔勅通解』を見つけたときであつた。読み終へたときの衝撃は、今でも鮮明に覚えてゐる。歴代天皇の詔勅の一字一句から日本精神の素晴らしさが、小生の心に伝はつてきた感動を……。まさに日本人として生まれた喜びと誇りを再確認したときであつた（以降、片つ端から詔勅関連の本を買ひあさり読みふけつたことを思ひだす）。

戦前では、森清人先生をはじめとする多くの研究者が存在してをり、数々の詔勅関連の本が出版されてゐた。しかし、戦後になると世相が一変して詔勅本が全く出版されなくなつた。全く嘆かはしいことである。何故そのやうになつたのか……。理由は簡単だ。民族精神弱体化を計画した戦後占領政策によつて自虐史観が蔓延つた結果であつたことは間違ひないであらう。

さて小生が調べたところ（限られた範囲ではあるが）、戦前、戦後を通じて歴代天皇の詔勅を謹解した著作、または詔勅を研究した著作を著した政治家（国会議員、地方議員）は、男爵・菊池武夫著『詔勅と日本精神』（日本精神協會、昭和九年刊、日本精神パンフレット第一輯、約四〇ページ。

詔勅をテーマに述べられた著作だが謹解本ではない）ぐらゐしか見当たらなかつた（他に著した政治家がゐたかもしれない。もし知つてゐる方があれば教へてゐただきたい）。畏れ多くも政治家が詔勅を謹解した著作は、おそらく本書が初めてではないだらうかと思ふ。

古事記編纂千三百年を迎へた平成二十四年に『不二』誌上にて歴代天皇（初代神武天皇～第三十五代皇極天皇）の皇居跡をテーマにした「歴代皇居探訪誌」を連載する機会をいただいた。執筆にあたり歴代天皇の皇居があつた聖蹟に訪れると「かつてのまつりごとの中心地であり、ここで詔勅を仰せになられたのか」と思つた。まさに「国史の中心地であり、ここから国史が動いていつたのだ」。悠遠の国史を連綿と流れて、今に伝はつてきた歴代天皇の詔勅に感激した瞬間であつた。そして連載論稿の中で、歴代天皇の詔勅も取り上げて書いていつた。平成二十六年から『不二』誌上で再び連載の機会をいただき「御歴代詔勅謹解」を書き始めたのである。またオピニオン誌『伝統と革新』18号には「昭和天皇のみことのりを拝して」を寄稿してゐる。本書は、これらの論稿を整理して一冊に纏めて出版したものである。

現在、執筆活動だけではなく連続講座で歴代天皇の詔勅について講演する場もいただいてゐる。これからも執筆、講演活動を行ふことで、多くの方と一緒に歴代天皇の詔勅を通じて日本精神の真髄を学んでいきたいと思つてゐる。

最後に今回、本書出版の機会をいただいた展転社・藤本隆之社長、原稿整理、校正など出版過程で大変お世話になつた展転社・荒岩宏奨編集長、有難い「推薦の辞」を書いてくださつた西村眞悟先生に感謝の意を込めて心より厚く御礼申し上げたい。

平成二十七年十月三十日　教育勅語渙発の日に　著者記す

初出一覧

『不二』不二歌道会　平成二十六年一月号〜平成二十七年十月号　連載（十七回）
オピニオン誌『伝統と革新』18号　たちばな出版　平成二十七年二月

引用・参考文献

『みことのり』森清人　錦正社　平成七年
『日本思想叢書第四輯　祝詞宣命』文部省社会教育局編　社会教育會　昭和七年
『大日本詔勅謹解』全七巻　森清人・高須芳次郎　日本精神協會　昭和九年
『歴代の詔勅』河野省三　日本文化協會　昭和十年
『日本聖典　歴代御詔勅謹解』龍野定一　皇道顯揚會　昭和十年
『虔修　大日本詔勅通解』森清人　詔勅精神振興會　昭和十一年
『明治以後詔勅謹解』吉田熊次　日本文化協会　昭和十三年
『詔勅謹解第一輯　皇軍必勝篇』森清人　日本精神協會　昭和十三年
『聖徳餘光』辻善之助　紀元二千六百年奉祝會　昭和十五年
『神武天皇詔勅謹解』武田祐吉　國學院大學院友會　昭和十五年
『歴代詔勅全集』全八巻　三浦藤作・武田祐吉　河出書房　昭和十五〜十八年
『日本臣道論』森清人　冨士書店　昭和十六年

『皇國の書』森清人　東水社　昭和十六年
『皇國精神講座第七輯　歴代詔勅抄』上・下巻　小林一郎　平凡社　昭和十七年
『御歴代詔勅謹解』安達大壽計　松山房　昭和十七年
『歴代の詔勅』河野省三　文部省教学局　昭和十八年
『日本皇室の御仁慈』糸賀三郎　みたみ出版　昭和十九年
『歴代詔勅謹釋』辻善之助・森末義彰　育英出版　昭和十九年
『明治天皇詔勅謹解』明治神宮編　講談社　昭和四十八年
『歴代天皇の御仁慈』浅野栄一郎　広池学園出版部　昭和五十八年
『資料「天皇詔勅」選集』真藤建志郎　日本実業出版社　昭和六十一年

杉本延博（すぎもと　のぶひろ）

昭和46年、奈良県生まれ。

奈良県御所市議会議員（無所属）平成20年初当選、現在3期目。

國語地方議員聯盟幹事長、不二歌道会奈良県支部長、創造文化研究所客員研究員、「明治の日」推進協議会実行委員、新しい歴史教科書をつくる会奈良県支部幹事など様々な活動に参加。

『不二』『国体文化』『伝統と革新』などの各誌紙に執筆多数あり。政治、思想、歴史に関するテーマで多数の講演も行っている。

御歴代天皇の詔勅謹解

平成二十七年十二月八日　第一刷発行

著　者　杉本　延博
発行人　藤本　隆之
発　行　展　転　社

〒157-0061　東京都世田谷区北烏山4-20-10
TEL　〇三（五三一四）九四七〇
FAX　〇三（五三一四）九四八〇
振替〇〇一四〇―六―七九九九二

印刷製本　中央精版印刷

乱丁・落丁本は送料小社負担にてお取り替え致します。

定価［本体＋税］はカバーに表示してあります。


ISBN978-4-88656-421-4

てんでんBOOKS
[表示価格は本体価格（税抜）です]

論語のやぶにらみ　森田忠明
●「巧言令色、鮮なし仁」「身を殺して仁を成す」一度は耳に目にした人生の指針を熟読玩味する。　1800円

靖國神社のみたまに仕えて　湯澤貞
●靖國神社第八代宮司が、いわゆる「A級戦犯」合祀、首相の参拝、富田メモなど「靖國神社問題」に迫る！　1500円

国体学への誘ひ　相澤宏明
●国体を再認識し王道実践、三綱実践することで、山積する戦後日本の諸問題の解決への道が開ける。　1500円

皇室を戴く社会主義　梅澤昇平
●天皇制廃止を主張する勢力とは異なる流れを追い、伝統と革新の共存と合体を模索。「天皇制社会主義」の可能性と教訓。　1300円

宮中祭祀　中澤伸弘
●常に民安かれ国安かれと祈念せられる天皇の核心は不断に続けられてゐる「まつりごと」にある。　1200円

ふるさとなる大和　保田與重郎
●武勇と詩歌に優れた国のはじめの偉大な先人たちを活き活きと描き出す上古日本の歴史物語。　1500円

わが子に贈る日本神話　福永眞由美
●美しくておおらかな日本の神々の物語『古事記』をやさしくかみくだいて、神話を子供たちに伝えてゆきたい。　1500円

平成の天皇論　大原康男
●「開かれた皇室」論を徹底的に論駁しつつ未解決の問題点を提示し、江藤淳氏ら七人との対談を加える。　2233円